优秀传统文化传承与对外汉语教学

祝志春　康建军　苗　林◎著

吉林出版集团股份有限公司

图书在版编目（CIP）数据

优秀传统文化传承与对外汉语教学 / 祝志春，康建军，苗林著 . — 长春 : 吉林出版集团股份有限公司，2020.5

ISBN 978-7-5581-8433-8

Ⅰ . ①优… Ⅱ . ①祝… ②康… ③苗… Ⅲ . ①中华文化－文化传播－研究②汉语－对外汉语教学－教学研究 Ⅳ . ① G125 ② H195.3

中国版本图书馆 CIP 数据核字 (2020) 第 059850 号

优秀传统文化传承与对外汉语教学

著　　者　祝志春　康建军　苗　林

责任编辑　王　平　白聪响

封面设计　李宁宁

开　　本　787mm×1092mm　1/16

字　　数　218 千

印　　张　11.75

版　　次　2021 年 3 月第 1 版

印　　次　2023 年 4 月第 2 次印刷

出　　版　吉林出版集团股份有限公司

电　　话　010-63109269

印　　刷　炫彩（天津）印刷有限责任公司

ISBN 978-7-5581-8433-8　　　　定价：54.00 元

前　言

对外汉语教学肩负着向世界传播汉语和中华文化的光荣使命。当前的世界格局为对外汉语教学和中华文化教育的发展提供了良好的机遇。随着中国改革开放的不断深入、经济的高速发展、综合国力的不断增强，中国与世界各国的交流日益频繁，汉语在国际交往中的地位和应用价值也不断提高。中国需要了解世界，世界也需要了解中国，现在世界各国比以往任何时候更迫切需要汉语和汉语人才。

新时代对外汉语教学和中华文化教育的发展呼唤我们对对外汉语教师和中华文化教育工作者、研究者提供系统、科学、富有生机的理论研究成果，要求我们从国际社会的实际需要和所在国的国情出发，针对不同的汉语教育对象的特点，写出适合国际学生的富有特色的汉语与中华文化教学内容。

参考近半个世纪的国际中文远程教育和对外汉语教学中积累的丰富经验和研究成果。为了适应新形势的需要，同时也为了促进现代对外汉语教学和中华文化教育的学科建设和发展，力求以宽阔的视野和深入的思考，努力探索对外汉语教学和中华文化教育所面临的亟待解决的理论与实践问题，力求较为系统地介绍国际学生应该掌握和了解的汉语与中国文化各方面的一些基本知识，努力做到通俗易懂、简明扼要、实用性强。

我们衷心希望能为对外汉语教学和中华文化教育事业添砖加瓦，同时也希望有关专家、学者以及使用者、学习者都能不吝赐教，以期将来进一步修改提高。

编　者

2020 年 3 月

目　录

第一章 语言与文化

第一节 语言与文化的关系

文化是一个包含多层次多方面内容的统一体系，主要分为广义文化与狭义文化。广义文化一般指人类在历史发展过程中的各种活动方式以及由人类活动创造的物质财富、精神财富及其他一切成果的总和。广义文化的体系复杂，分析其内在逻辑结构和层次时一般将广义文化分为物质文化、精神文化、行为文化、制度文化四个层次。物质文化多指人类物质生产方式及其劳动产品的总和，主要满足人类衣、食、住、行等生存需要。精神文化指人类在长期社会实践中形成于物质形态之上的思想观念等精神成果的总和，包含文学艺术与思想观念等。行为文化多指人类交往中形成的风俗习惯等。广义文化的四个方面相互联系，体现了人与自然、人与社会、人与自身等多重关系。制度文化多指人类在社会实践活动中建立的社会规范的总和，包括经济、政治等制度与组织形式。狭义文化主要指精神文化。本书主要针对狭义文化进行研究，以正确地继承中国传统文化的精华，批判其糟粕。

中国传统文化是指有中国特点的传统文化。“中国”突出了文化具有的民族属性，体现了中华民族的创造性。“传统文化”则体现文化的历史继承性。中国传统文化的定义，学术界有多种理解。顾冠华教授指出，中国传统文化主要是指中国几千年文明发展过程中，在特定的自然环境、经济形式、政治结构、意识形态作用下形成的积累和流传下来并且至今仍在影响着当代文化的“活”的中国古代文化；有的学者认为，中国传统文化是从过去发展起来的文化，是现代文化的反映；还有的学者认为，中国传统文化是存在于民族土壤中的稳定的东西，但又是动态的，是过去与现在的交融，渗入了各个不同时代的新思想、新血液。因此，中国传统文化主要指中华民族在历史发展过程中传承下来的、能够影响整个社会的、具有相对稳定性的精神成果的总和。

语言教学的最终目的是教会学习者怎样使用语言，也就是使学习者获得运用所学语言的交际能力。为此，需要学习者进行多方面的探求和研究，而语言和文化的关系是人们比较重视的方面。很多人提出在语言教学中不能只局限于语言工具的“部件”和“结构”的教学，而是必须导入或融入与该语言相关的文化因素。以下就语言与文化的相互影响，语义、语用、语言交际风格与文化之间的关系进行具体阐述。

一、语言对文化的承载

语言是随着社会的产生而产生的，它作为构成社会上层建筑之一的文化，是一个民族的生活方式、传统习惯及思维方式等方面的载体。

语言的重要功能之一就是承载文化，使文化经千秋万代而得以流传。中国人普遍认同的处世观念——“入世”“处世”观，教育观念——“有教无类”与“因材施教”由来已久，而今天人们仍然可以了解它们并应用于社会生活，就是因为有语言的承载作用。语言承载文化的方式主要有两种：一种是口耳相传；另一种是付诸文字。汉代传习经书，有今文经和古文经之分。今文经是秦汉之间博士弟子口耳相传下来的，在汉代都是用通行的隶书来记载。古文经是用战国通行的古文字来记载的。语言承载的文化，无论是口耳相传还是付诸文字，都需要先习得语言才能了解。汉语的语序有先整体后部分、大范围先于小范围的排列规则，反映了中国人的整体思维特点。此外，汉字形体及偏旁结构里现有的两百多个部首、现代汉语语法系统里的约一百多个量词等，都反映出汉语认知世界的特点。

二、语言与文化的相互影响

语言与文化是相互影响的。语言反映文化，承载文化，而语言本身又是一种文化。反过来说，语言的使用方式又受文化的影响。实际上，文化对语言的影响要远远超过语言对文化的影响。

（一）语言对文化的影响

语言是文化的载体，但又不仅仅是载体，语言还能促进文化其他部分的发展。

首先，语言是文化的代码，是文化传播的媒介。人类头脑中的观念、想法通过语言得以传达，文化也因语言而得以穿越时空，长期流传下来。人类祖先的语言，最初只不过是一个呼叫系统，而且是封闭式的，后来逐渐转变为各种象征性语言，并且是开放式的。语言的运用，使得人类的文化得以传播、发展。有了语言，人类各个部落之间、族群内成员之间可以互相交谈，互换信息，分享食物，并创造出复杂的工具和建筑，有效解决分歧、争端。

其次，语言的产生和发展极大地促进了文化其他部分的产生和发展。例如，人类通过语言传播生产经验，并世代流传。又如，人类文化行为的发生大多以语言为基础，由于语言的发展，人类的思维也得到了发展，社会生活、文学艺术等通过语言传播、沟通而发生了改变。再如，汉语方言众多，富有地方色彩的曲艺就因方言的丰富而得以产生和发展。

在英文中，交际（communicate）一词源于拉丁语的（communicare），意思是分析、传递共同的信息。人与人之间之所以能够进行信息的交换、沟通、分享，最重要的是人们总是自觉或不自觉地一致使用共同的名称来称呼某个事物、某个活动或某个抽象概念。例如，所有讲汉语的人都把雪的颜色叫“白”，尽管无法就两个人看到雪的实际感受进行确切的比较，但人们都不约而同地把这种感受称为“白”。语言中的文字，是通过符号的有形形式呈现出来的，是被大家共同接受的，人们力图用这些符号来交流。人类的交际方式多种多样，既有语言形式，也有非语言形式，但语言在信息交流中占有绝对的优势。语言是文化的主要传播者，它能使人们分享、传递不同的态度、信念，以及行为模式等。

语言可以反映一定的社会发展进程。例如，人们研究语义领域，分析颜色词或亲属词的语义，通常可以发现一定阶段的社会价值取向和社会制度的意义。实际上，语言发生的诸多变化，是各种不同文化相互交流、影响、适应的结果。人们主要是通过语言进行交流，当这种交流受到社会发展变化的影响而使得以前的词汇用法表现出诸多不适应性时，就需要一些新的词汇来补充。比如一份美式早餐的菜单：“早餐开始时是果汁（juice）或水果（fruit），之后是谷类食品（cereal）或者玉米（bacon）和鸡蛋（eggs）以及吐司（toast）、黄油（butter）、果酱（jelly），饮料可能是咖啡（coffee）、茶（tea）或可可茶（cocoa）。”其中，果汁（juice）或水果（fruit）也许是葡萄（grapefruit，是由两个法语单词组合成的）、甜瓜（melon，源自希腊文的法语）或者罗马甜瓜（cantaloupe，原意为意大利一个城市的名字）、桔子（orange，源自阿拉伯语）。谷类食品（cereal 原意就是罗马农业女神），玉米（bacon 源自法语），鸡蛋（eggs 源自古挪威语），吐司（toast 源自法语），黄油（butter 源自拉丁语），茶（tea 的音来自汉语），可可（cocoa 源自阿茨蒂克族语）。

（二）文化对语言的影响

不同的民族以及生活在不同环境下的人，他们的人生观、世界观、价值观都有所不同，对现实有不同的看法，这些都是因为说不同的语言，而每种语言又使现实成为一种独特的模式。语言反映了一定的社会活动、思想，也就是说，文化对语言的影响要远远强于语言对文化的影响。

语言的变异或分化，多是因为文化的作用。一些族群虽然操同一种语言，但因受各种不同因素的影响，如地理上的分离，政治的变革，战争的爆发，经济的繁荣或低迷，都有可能导致一个族群的隔离，使语言的语音、形态、语法发生微小的变化，日积月累，变化逐渐增多。最终，源于同一语言的两种方言将会变成独立的两种语言。这就是隔离导致语言出现分化的现象。反过来，不同族群的频繁接触，通常会导致语言上的相似，甚至融合为一种独立的语种。例如，两种互不相通的语言在长期的接触过程中会发生借词。经学者研究分析，人们发现大约有 50% 的英语通用词汇是从法语借来的。汉英之间也有借用的现象，主要是音借用。例如，前面提到的茶 tea，其音借自中国的闽南话茶的发音。茶的古汉字为“荼”，发音为“tú”，后改写为茶（唐代）。闽南话茶的发音和“荼”很相近。在现代，英语里也有意译借词的，如 paper tiger（纸老虎）、bean curd（豆腐）、spring roll（春卷）、special economic（经济特区）、one country with two systems（“一国两制”）。现代汉语有很多词汇都是借自英语的，如啤酒（beer）、咖啡（coffee）、巧克力（chocolate）、沙发（sofa）、扑克（poker）、爵士（jazz）、安琪儿（angel）、吉普车（jeep）、罗曼蒂克（romantic）、幽默（humor）、模特（model）等。现代汉语甚至有直接借用英语词汇的，如 MP3、MP4、QQ、wifi、DNA 等。

文化对语言的发展和使用起着直接的影响。例如，文化可以影响语音，我国普通话的标准语音以北京语音为基础，这主要是因为北京是首都，是政治文化中心。文化对语法也有影响，如随着我国改革开放后，也逐渐吸收了西方文化，汉语语法出现了欧化的倾向。文化对词汇的影响就更为明显了。随着社会生活和社会思想的变化，词汇也经常发生相应的变化。例如，随着封建社会的消亡，很多具有浓厚封建色彩的词汇，像“举人”“书童”“师爷”等，随着时代的结束而消亡。随着高新科技的发展，社会又会产生很多新词汇，如“纳米技术”“转基因食品”“网吧”“核磁共振”“电子邮件”“数码相机”“克隆”等。

当代中国的社会生活不断变化，涌现出了很多新词新语。当然，很多新词新语都只是流行一时，因此它们不可能对文化构成冲击，也就无法成为文化的一部分。只有那些深入生活底层，经得起历史的选择和淘汰，成为民众的基本词汇的语言，才可能影响文化。

语言与文化的关系最直接的表现是语言表达了人们对世界的看法、态度和价值取向。人们表达对世界的看法、态度和价值取向一般存在于各种格言、警句和俗语当中。个体主义和集体主义是两种不同的价值取向，世界各地的谚语都表达了不同文化的人们看待个人与集体关系的态度。例如，墨西哥谚语“在团体中当傻瓜也比一个人有智慧好”。土耳其谚语“离开羊群的羊会被狼吃掉”。中国谚语“三个臭皮匠，顶个诸葛亮”。美国谚语“自助者上帝助之”。德国谚语“只扫门前雪”。

对于语言在交际中的作用，中国、日本和美国的格言、谚语所表达的态度和价值取向是不同的。中国和日本的文化讲究“此时无声胜有声”的意境，属于高语境文化；美国文化重视直接的语言表达，属于低语境文化。例如，中国讲“君子讷于言而敏于行”，日本讲“沉默是金”，美国讲“吱吱作响的轮子得倒润滑油”。

不同文化的格言和谚语表达了不同的价值取向，但也有表达相似价值观的情况，说明不同文化的人们会分享一些共同的价值观。例如，汉语和英语中都有格言或谚语表达了时间观念、奋斗观念等。汉语有“一寸光阴一寸金”，英语则有对应的“Time is money”；汉语有“有志者事竟成”，英语则有对应的“ Where there is a will，there is a way”。

第二节 当代汉语的国际化传播

改革开放以来，中国文化、科技与国际文化、科技积极互动发展，中国人通过多种渠道走向世界。

一、2011—2014 年的汉语国际化传播

2011—2014 年，我国大力推动中华文化走出去，因此非常重视并大力支持汉语国际传播事业。国家领导人在一系列推动汉语国际传播的外交活动中，经常提到“孔子学院”。如今，设立孔子学院已经成为推动中外语言文化交流的标志和象征。

世界各国表现出学习汉语的需求十分强烈，并持续增长。其中，韩国、日本、泰国的表现十分突出，而欧美国家的需求增长也十分迅速。王祖嫘、吴应辉的《汉语国际传播发展报告（2011—2014）》数据显示，截至 2014 年，“全球共有 126 个国家和地区建立了 475 所孔子学院、851 个孔子课堂，累计注册学员 345 万人”。各大洲设立孔子学院（课堂）的增长趋势稳定，在总量和增幅上保持绝对优势的是美洲和欧洲，其次是亚洲。美国设立孔子学院（课堂）的数量居全球首位，达到 456 所。在欧洲，英国是孔子学院和孔子课堂

最多的国家，其设立的孔子学院（课堂）数量达116所。在亚洲，韩国是孔子学院和孔子课堂最多的国家，其拥有孔子学院19所。

近年来，国务院侨务办公室极力鼓励并支持海外华人、华侨发展华文教育，为此出台了多项政策、采取了多种措施，举办了各种层次丰富的文化活动项目，著名的如“中国寻根之旅”“中华文化大乐园”“中华文化大赛”“华文教育·华夏行”等，数以万计的华裔青少年参与其中。海内外有关单位还举办了各类华文师资培训，适应面广。《世界华文教育年鉴（2013）》的数据显示，“2012年，以国务院侨办为主体的各级相关单位先后培训了外派华文教师600余人，在中国境内培训了华文教师或校长等近2000人”。2013年，国务院侨办为规范华文教师的认证测评系统，还颁布实施了《华文教师证书实施方案》。与此同时，华文教育研究和教材资源建设也取得了较大进展。

文化部海外文化中心也积极开展汉语教学。根据《国际商报》2015年2月6日发表的文章《“好声音”助力中国文化“走出去”》的报道，截至2014年，文化部在海外设立的文化中心已经有20所正式运营，而“教学培训”是海外文化中心的三大核心职能之一。《海外中国文化中心发展规划（2012—2020）》提出，到2020年，我国将在海外建成50个文化中心，以全方位、全覆盖之势传播和推广中华文化。

由于国家的大力支持，使得汉语国际传播的范围更大也更深入，全球汉语考试参加人数持续增长，考点数量也不断增加。根据中国国家汉语办公室（简称国家汉办）的统计，截至2014年以来，各类汉语考试参加人数达542万人，其中，参加中国汉语水平考试（HSK）、汉语水平口语考试（HSKK）、商务汉语考试（BCT）、新中小学生汉语考试（YCT）等考试的考生人数加起来有43万人之多。在中国，HSK等考试作为外国人入学、就业的汉语水平证明，近年也被韩国、日本、新加坡、澳大利亚、加拿大等国的、教育机构和企业作为评判汉语教学考核和人员选聘的标准。

为了满足不同国家对汉语人才的需求，一直以来，国家汉办向海外选派中方教师、志愿者的规模不断扩大。王祖嫘、吴应辉《汉语国际传播发展报告（2011—2014）》的数据显示，2011年，国家汉办向海外选派教师、志愿者的人数达6815人，2012年达到11000人，2014年则达到了15500人。另外，各国也注重对本土师资的培训，且规模不断扩大。国内各高校也积极加强华文教师学历教育，陆续培养了一批拥有华文教育专业学士学位的师资，不断向海外华文教育输送优良的师资力量。

2011—2014年，本土开发的汉语教材、中华文化类教材，数量也在大幅增加。在全球各大书展上，出现了大量的各种汉语文学文化类教学资源，如国家汉办组织开发的《中国好人》《孔子卡通读物》《中外文化交流故事丛书》等。此外，各类在线教学平台也纷纷上线，国际汉语教学资源形态因此多样化、立体化。

二、“一带一路”战略下的汉语国际化传播

中国古代开通了丝绸之路，曾经繁荣了欧亚大陆的商业贸易，也促进了沿线各民族、各国文化的传播。如今，中国又再次提出了“一带一路”战略，以积极推动中国和世界经济的发展，这也为汉语的国际传播提供了机遇。2013 年 9 月和 10 月，国家主席习近平在出访中亚和东南亚国家期间，先后提出了共建“丝绸之路经济带”和“21 世纪海上丝绸之路”的重大倡议，即“一带一路”战略。2015 年 3 月，我国发布《推动共建丝绸之路经济带和 21 世纪海上丝绸之路的愿景与行动》报告，以文件的形式正式将“一带一路”战略提上日程。“一带一路”沿线国家产业经济合作全球化拓展使汉语国际传播有所依托，给汉语国际传播增加了新的动力，而汉语国际传播也因此有了新的内涵。汉语国际传播不再停留在文化层面上，而是有了实在的内容，即为“一带一路”服务，为中国与沿线各国的产业经济合作服务。汉语国际传播中的汉语国际教育为“一带一路”沿线国家培养高端汉语人才，从而提高企业的语言能力和竞争力，促进各国自建的产业经济合作，同时推动了汉语在“一带一路”的传播。

“一带一路”战略提出要实现“五通——政策沟通、设施联通、贸易畅通、资金融通、民心相通”。这“五通”为“一带一路”提出了“语言通”的需求。“一带一路”基础设施的建设为汉语国际传播提供了传播渠道的便利。

当然，“一带一路”战略的提出也给汉语国际传播带来了挑战。作为汉语在海外传播的主力军，孔子学院面临如何与“一带一路”产业经济合作全球化拓展相结合，如何调整孔子学院战略布局，服务“一带一路”战略，让汉语走向世界的问题。

（一）“一带一路”产业合作格局与孔子学院的分布情况

2015 年 3 月，我国发布《推动共建丝绸之路经济带和 21 世纪海上丝绸之路的愿景与行动》报告后，“一带一路”沿线国家都纷纷响应，目前已经有 64 个国家参与合作。2015 年 8 月，中国国际贸易研究中心发布了《“一带一路”沿线国家产业合作报告》，该报告指出，2014 年，我国对“一带一路”沿线 64 个国家的出口总额为 6370 亿美元。出口国家主要集中在东南亚、东北亚区域，其中出口总额超过百亿美元的国家有 17 个；我国贸易进口总额为

4834亿美元，进口国家主要集中在中东、东北亚区域，其中进口总额超过百亿美元的国家有15个。由此表明，“一带一路”沿线国家在某种程度上反映了汉语传播的潜在需求，而目前孔子学院在这些国家的分布格局并不太合理。《孔子学院年度发展报告（2014）》的数据显示，截至2014年底，全球有126个国家建立了孔子学院（课堂），孔子学院的数量达475所，孔子课堂的数量达851个。

从第十届孔子学院大会新闻发布会所公布的数据来看，截至2015年12月1日，中国已在134个国家和地区建立了500所孔子学院、1000个中小学孔子课堂。目前仍有70多个国家200多所大学正在积极申办孔子学院。孔子学院（课堂）的数量虽然上去了，但还要讲究合理分布。目前，我国孔子学院的分布还缺少战略规划，距国家“一带一路”战略布局仍存在不足。

（二）“一带一路”背景下汉语国际传播的战略规划

《推动共建丝绸之路经济带和21世纪海上丝绸之路的愿景与行动》报告描绘了“一带一路”战略的路线图：一条是贯穿欧亚大陆的“丝绸之路经济带”，另一条是由南向西的“海上丝绸之路”。2015年8月8日，中国国际贸易研究中心发布了《“一带一路”沿线国家产业合作报告》，该报告将我国与“一带一路”国家开展合作的范围分为七大区域：东北亚区域、东南亚区域、独联体区域、南亚区域、中亚区域、西亚北非区域、中东欧区域，参与合作的国家有64个。上述两份报告分别提出的“两条路径”和“一个格局”（七大区域构成的总体格局）构成了“一带一路”的路线图和总体格局，也就是“一带一路”背景下制定汉语国际传播的战略规划的依据。根据《“一带一路”沿线国家产业合作报告》所提供的数据，我国对“一带一路”沿线国家的出口贸易主要集中在东北亚、东南亚、南亚，而进口贸易主要集中在中东、北非、东北亚和东南亚。据统计，我国对“一带一路”国家进出口贸易主要集中于上述七个区域。因此，孔子学院应根据“一带一路”贸易的重点区域进行战略布局。

作为国家的大战略，“一带一路”提出了各种愿景和行动计划，涉及政治、经济、文化、企业、媒体等各个领域，但汉语国际传播在当中的作用很少涉及。对此，北京语言大学教授李宇明曾于2015年9月22日在《人民日报》发表《“一带一路”需要语言铺路》，认为“一带一路”建设需要语言的搭桥、铺路。很显然，汉语传播在“语言铺路”中发挥着不可替代的作用。国家应从战略高度，根据“一带一路”战略，加强新时期汉语国际传播，将之放入“一带一路”愿景和行动计划中。作为国家重要的语言战略资源，孔子学院应根据“一带一路”经贸和产业合作格局进行调整，整合资源，形成以“一带一路”战略为核心的分布格局，服务“一带一路”沿线国家经贸和产业合作。同时，汉语国际传播也应与“一带一路”沿线国家经贸和产业合作相结合，借力发展，通过服务企业走出去。“一带一路”沿线国家的经贸和产业合作存在对语言人才的需求，尤其是需要复合型高端双语人才。因此，孔子学院的汉语国际教育不应局限于对普及型人才的培养，还应针对“一带一路”沿线国家的需求培养复合型高端双语人才。

在信息化时代，语言在促进科技、经济、信息、媒体等领域的发展发挥了不可替代的作用。同样，“一带一路”的建设也离不开语言的推动。因此，企业，尤其是跨国企业，要参与“一带一路”的建设，就应该将语言能力作为企业的重要生产力，把企业员工外语培训和外籍员工汉语培训提上提高企业语言能力的重要议程。

三、当代汉语的国际化传播特点及思考

由上述汉语国际传播的状况，可以归纳出当代汉语的国际化传播呈现出的特点，主要表现在以下几方面。

（一）汉语国际传播活动

汉语国际传播活动成为国家领导人参加公共外交活动的重要内容。过去，国家外交工作主要依赖大众传媒宣传，是单向的，公众的参与度很低。如今，随着世界范围内网络技术的普及，特别是像微博等即时信息传播和交流平台的涌现，使得互联网技术在公共外交中发挥着不可替代的作用，于是出现了新公共外交。新公共外交即由政府主导，由民间非政府组织和私人机构参与，以文化交流活动为主要载体，针对他国公众尤其是精英阶层的外交活动。新公共外交不再是单向传播，而是双向传播与对话，强调公众的参与。因新公共外交衍生了各类文化交流项目，其中也凸显了汉语国际传播活动的优势。从 2010 年起，中国先后同多个国家如俄罗斯、西班牙、法国等互办“语言年”活动。2010 年，俄罗斯首先开办了“汉语年”为主题的文化交流活动。从“国家年”到“语言年”，中俄双方共同举办的语言文化交流活动已达数百项。2011—2012 年，法国汉语年成功举办了 208 场汉语主题活动。“语言年”的成功举办，证明了汉语国际传播活动是一项十分有效的公共外交手段。同样，在各种中外“文化年”“文化节”当中，汉语国际传播活动扮演着重要角色。孔子学院等汉语国际传播单位积极参加民间文化交流活动，有效地提升了公共外交活动的效果。

（二）汉语国际传播本土化进程加快

越来越多的国家将汉语教学纳入国民教育体系，各国中小学的汉语教学增长迅速，大学中文教学层次不断提高。不少国家如英国、意大利、泰国等均建立了完整的汉语专业本科、硕士、博士学历教育体系。截至2014年，欧盟和全球61个国家已经将汉语教学纳入国民教育体系。这标志着汉语国际传播开始向纵向深入发展。

国家重视汉语国际传播事业，对汉语国际传播人才队伍的建设，尤其是本土人才队伍的建设，也给予了大力支持。近年来，国家汉办暨孔子学院总部每年向海外培训、输送的教师和志愿者的人数达几千人，根据《国家汉办暨孔子学院年度报告2013》的统计，仅2013，孔子学院总部向海外培训的本土教师就达5720人。与之相应，国内很多高校也开始招收对外汉语专业本科留学生。本土人才的培养方式也不断创新，向专业化发展，实行国内外生源培养，双线推进。首先，国家大力支持海外设立汉语师范专业的高校，而在国内则积极开展中外联合培养项目，有针对性地培养本土师资。其次，各大高校积极探索中外联合培养模式，打通海外就业渠道，鼓励、支持国内毕业生转型为海外本土师资。例如，中央民族大学就汉语国际教育硕士专业成功探索出了1+2+X培养模式。国家汉办还启动实施了“孔子新汉学计划”，该计划对海外本土人才的培养范围扩展到了人文和社会科学领域。计划的试点大学以北京大学、复旦大学为首，已于2013年正式招生。另外，国家汉办也加强了国际汉语教材资源的本土化建设；支持海外本土教材开发；大力开展教材使用培训。各国也纷纷自主开发本土汉语教材资源。

（三）汉语国际传播注重同先进教育技术、文化产品结合

互联网技术、数字技术的发展，为汉语国际传播提供了技术支持，促进了汉语国际传播。国内外出现了很多以汉语教学为主题的网络平台，各国汉语教学机构纷纷实行远程网络教学。例如，新西兰奥克兰孔子学院开发了“可视汉语学习网络系统”；巴西圣保罗大学孔子学院与门户网站Universia（该网站是由15个国家和地区的1401所大学联合组建的）合作开展网络汉语课程。近年来，汉语国际传播十分注重同文化产品的结合，积极开发、建设相关文化资源。国家汉办就曾组织开发并向孔子学院配送100部优秀的文化资源包，内含影视、戏剧、音乐、文学等资源，而且将之改编为汉语试听教材。“孔子学院数字图书馆”还提供各类文化资源，种类达20万种。此外，一些综艺节目（如《非诚勿扰》《我是歌手》）、中外合拍电影（如《泰囧》）的热播，在一定程度上促进了汉语国际传播的

发展。

（四）孔子学院进入调整转型阶段

一直以来，孔子学院都是由国家汉办暨孔子学院总部直接管理的，同一区域的学院是彼此独立的。随着孔子学院数量的增加，原有体系结构的管理薄弱之处更加凸显，表现出了很大的不适应性。对此，在国家汉办的主导下，一些分布孔子学院较密集的地区开始成立区域中心，根据当地特点，协调区域内各个孔子学院的教学和管理工作，加强域内孔子学院的交流与合作。这不但有利于区域学院的管理和沟通，更有利于加强对外汉语传播的针对性。孔子学院的调整转型还体现在传播领域的拓展上。过去，孔子学院传播多是简单的语言教学，现在已扩展到文化交流、科技合作、信息咨询等方面，且正试图走出民俗、手工艺等物质文化和行为文化的浅层次传播。孔子学院总部还鼓励孔子学院因地制宜，谋求特色发展，有条件的可以积极开展当代中国研究，兴办以商务、中医、文学、艺术、旅游等教学为特色的孔子学院。

（五）汉语国际传播研究日渐形成独立的研究领域

由于汉语国际传播的快速发展，很多学者纷纷关注该领域的研究，使汉语国际传播逐渐成为一个独立的研究领域，出现了专门的研究学会。2012 年 10 月，上海同济大学联合多所大学发起成立“中国语文现代化学会汉语国际传播研究分会”。从此，汉语国际传播研究拥有了独立的学术组织。同时，还出现了很多汉语国际传播研究的著作、相关的专门性学术刊物和学术专栏。

2011 年，中央民族大学国际教育学院主办的《汉语国际传播研究》是第一家以汉语国际传播领域命名的学术辑刊。

高校汉语国际教育博士点建设也取得了很大的进展。2008 年，中央民族大学首先设立了国内外第一个“汉语国际传播”研究方向的语言学及应用语言学二级学科博士专业；2012 年又设立了“国际汉语教学”二级学科博士点。

随着中国综合国力的增强，汉语向国际传播的趋势逐渐增强。当然，这种传播并不是单向的，而是世界各国同中国交流的愿望和需求。汉语国际传播直接或间接地推动了中华文化的传播，成为提升国家软实力、促进公共外交的有效手段。

一种语言的传播程度，从教学的本土化程度就可以看出来。孔子学院自建立以来，中方外派了一批又一批的教师和志愿者，但随着汉语国际传播事业的深入发展，输出型的教师和教材已经不能满足这项事业的发展需求。为进一步推动汉语国际传播，必须要大力推进本土化进程。本土化进程的核心是教师本土化，因此，我们要特别重视高端汉语人才的培养和相关项目的交流。

“孔子新汉学计划”就属于高端人才项目，培养的人才不但谙熟中国语言文化，而且更擅长本土汉语语言文化传播。

汉语国际传播已经逐渐形成一个独立的研究领域，但是，研究还比较薄弱，跟不上实践发展的速度，特别是缺乏系统的、指导性的理论研究。从中国知网上发表的相关论文来看，关于汉语国际传播的论文多停留在经验总结的层次上，缺乏理论提升与宏观指导。因此，我们要加强汉语国际传播的相关学科建设，提高学科地位；加强相关博士点建设；整合研究资源，建立汉语国际传播智库，使学术研究真正服务于国家战略。

第二章 学科理论探讨

第一节 对外汉语教学的学科理论基础

一、学科理论基础研究概述

第二语言教学是一个涉及多学科的交叉性学科，其学科理论基础对其发展有着重要的影响，因此，对第二语言教学学科理论基础的研究，一直是第二语言教学理论研究的重点。汉语作为第二语言教学的理论基础同样十分重视对学科理论基础的研究。首先回顾一下 20 世纪 80 年代初以来，对外汉语教学界有关这一问题的一些基本认识：

（1）吕必松《关于语言教学法问题》指出，语言教学法实际上是语言规律、语言学习规律和语言教授规律的总和，探索和阐明这些规律，必须依靠语言学、心理学（心理语言学）和哲学的理论指导，所以语言学、心理学（心理语言学）和哲学是语言教学法的理论基础。黎天睦在《现代外语教学法——理论与实践》中着重介绍和分析了现代外语教学法的心理学基础和语言学基础，以及外语教学中的社会与文化因素。

（2）盛炎《对汉语教学理论研究中几个热门问题的思考》认为，汉语教学理论体系的理论基础应该是多学科性的，其中哲学、语言学、心理学和教育学是必不可少的。他在《语言教学原理》中又进一步指出，哲学是语言教学理论体系最深厚的理论基础，现代语言学是汉语教学理论体系中最直接的理论基础，心理学也是语言教学理论体系的重要理论基础，教育学跟语言教学的关系最为直接和密切。

（3）张亚军《对外汉语教法学》认为，语言学理论基础和教育学理论基础是中国对外汉语教学体系的理论基础。也就是说，对外汉语教学的理论基础是以现代语言学理论和传统语法为语言学理论基础，以中国传统的教育学理论中的合理因素作为教育学基础，同时它也借鉴了其他外语教学法理论的研究成果。

（4）刘珣《对外汉语教育学引论》一书中指出：作为一门交叉学科，对外汉语教学受到多种学科的启示和影响。其中，语言学、教育学、心理学和文化学已成为对外汉语教学最直接、最重要的理论基础。

综上可以看出，人们对对外汉语教学的学科理论基础的认识基本是一致的，并且跟教学性质相同的我国外语教学界的看法也大致相同。例如，章兼中在《国外外语教学法主要流派》中说，外语教学法是一门综合性的科学。它与哲学、教育学、语言学、心理学、社会学等邻近学科有着紧密的联系。应云天在《外语教学法（新本）》第二章外语教学法和相邻学科中，同样谈到了外语教学法的理论基础是哲学、教育学、心理学和语言学。实际上国外同行也持类似看法，例如：坎贝尔（Campbell）认为，语言学、心理学、社会学和人类学理论是外语教学理论的源泉。外语教学的理论基础包括语言教学史、语言学、社会学、社会语言学、人类学、心理学、心理语言学、教育学等研究成果。

应该指出的是，上面所说的“语言教学法”或“外语教学法”都是广义的，指的是教授语言和学习语言的科学，即揭示和探讨第二语言教学规律、教学原理的科学。因此，所谓语言教学法或外语教学法的理论基础（或称相关学科、邻近学科等），就是这里说的第二语言教学或外语教学的学科理论基础。

人们提到的第二语言教学或外语教学的学科理论基础，主要包括哲学、语言学、教育学、心理学、文化学这五个主要学科，所提到的其他学科或理论有不少可以看作是这几门学科的分支学科或可以归到这几门学科中。比如，跟第二语言教学相关的社会学，主要是指社会语言学，而社会语言学是语言学的一个分支。同样，跟第二语言教学相关的人类学，主要指的是文化人类学，这部分内容实际上包括在所谓的文化学中。这五个学科中，首先哲学无疑将是第二语言教学的学科理论基础，因为哲学为任何一门具体学科提供认识论和方法论的指导。其次，语言学、教育学和心理学几乎是国内外第二语言教学界公认的第二语言或外语教学的学科理论基础。第二语言和外语教学实际上是一种跨文化的语言教学（这正是它区别于母语教学的一个重要特征），这种教学涉及与目的语相关的文化现象和文化因素，因此文化学中的跨文化交际理论以及文化对比研究的成果，自然成为第二语言教学的理论基础之一。因此，可以说，哲学、语言学、教育学、心理学和文化学是对外汉语教学最重要的理论基础。

二、学科理论基础的地位和范围

（一）学科理论基础的性质和地位

如果说第二语言或外语教学的学科理论基础到底由哪几门学科构成，其性质和作用等还可以进一步讨论的话，那么无须讨论的是：第二语言和外语教学的学科理论具有跨学科性，其学科理论基础是由多学科构成的，这一点已被国内外语言教学界普遍承认。对外汉语教学作为一门综合运用多种学科理论的交叉学科，同样是在多种学科及其研究成果的支撑下发展起来的。在教学实践和科学研究过程中，对外汉语教学不断从各相关学科中汲取有用的知识、理论和方法，并在不断总结自身教学实践经验的同时，逐渐形成自己的学科理论体系，进而指导教学实践。一般来说，能够支撑对外汉语教学学科、直接或间接影响对外汉语教学实践的有关学科及其理论，就是对外汉语教学的学科理论基础，如语言学、教育学、心理学等。学科理论基础对一门学科的形成、发展和完善是非常重要的，对一门交叉性学科来讲是不可或缺的。学科理论基础是一门学科赖以形成的基石，是学科发展的原动力，是学科理论体系的有力支撑。因此，要开展和加强对对外汉语教学学科理论基础的研究，不断吸收其有用的成果，从而更有效地提高对外汉语教学的学科理论含金量，增强对教学实践的指导作用。

但是，对外汉语教学的学科理论基础并不就是对外汉语教学的学科基本理论。所说的“学科理论基础”都是各自独立的学科，它们有着各自的研究对象、研究范围、研究目的、研究方法及理论体系。因此，它们中的任何一门学科、任何一种理论都不能单独全面指导对外汉语教学；它们中的任何一门学科、任何一种理论都不能单独全面地支撑起对外汉语教学学科理论体系。也就是说，某一交叉学科的理论基础不等于这一交叉学科的理论本身。进一步来说，对外汉语教学的理论基础——相关学科及其相关理论，并不就是对外汉语教学学科理论的组成部分。比如说，长江的源头是由许多小的河流构成的，这些小的河流对长江的形成至关重要，没有它们就不可能有长江。但是，我们并不能把这些小的河流叫作长江，也不能把它们看成是长江的一部分。总之，我们必须关注和研究对外汉语教学的学科理论基础，否则对外汉语教学就可能成为无源之水。但是，这些理论基础只是对外汉语教学理论研究的一部分内容，而不能成为对外汉语教学的教学理论本身的一部分。

（二）学科理论基础的范围和基本理据

第二语言教学的学科理论基础究竟包括哪些学科或分支理论，目前国内外的看法并不完全一致，但基本上可以说是大同小异。主要包括哲学、语言学、教育学、心理学和文化学。这些学科到底在哪些方面、在多大程度上、又是怎样对对外汉语教学的理论研究和教学实践产生影响，是很值得进一步认真讨论的问题。下面将在前人研究的基础上进一步加以阐述和概括。

1. 哲学是对外汉语教学最深厚的理论基础

哲学主要在认识论和方法论上为对外汉语教学提供指导。首先，哲学为人们认识语言的本质和语言使用的本质、为认识第二语言习得过程和教学过程的本质提供认识论基础。比如，语言本质上是一种工具，还是一种能力？语言是后天习得的，还是人脑中先天就有的一种机制？如何认识这样的问题，就反映出不同的哲学观。而对语言的不同认识就会带来对语言学习和语言教学的不同认识。其次，解决教学过程中的各种矛盾离不开哲学的帮助，比如，处理教和学的关系、主体和客体的关系、内因和外因的关系等都需要哲学提供指导。再次，哲学为语言教学研究、调查研究和教学实验等提供方法论指导。最后，实际上哲学还是语言学、心理学和教育学等学科的理论基础，也就是说，哲学同样也为语言教学的其他理论基础提供指导，从而间接地指导对外汉语教学。

2. 语言学是对外汉语教学的核心理论基础

语言学是研究语言的本质、结构和功能等语言现象本身的科学，第二语言教学是研究教授和学习语言规律的科学。前者以语言为研究对象，后者以语言为教学内容；前者研究语言是什么，后者研究语言怎么教和怎么学，显然这两者之间有着天然的联系。因此，语言学对第二语言教学的指导和影响是多方面的、深刻的，也是根本性的。第一，揭示语言普遍规律的普通语言学和揭示特定语言规律的特定的语言学（如汉语语言学），在关于语言普遍的规律和原理及所教授语言的具体特点和规律等方面，给予第二语言教学理论和实践以重要的指导和影响。第二，语言学中的结构语言学、功能语言学、篇章语言学、语义学、语用学及其他各分支学科，如社会语言学、心理语言学等，从不同层面、不同角度、不同程度地给予第二语言教学以启发和指导。例如，社会语言学理论对全面培养学习者的语言交际能力具有重要的指导作用；结构语言学对认识语言的结构规律和组合规律，有效地教授语言具有重要的应用价值。第三，所教授的特定语言学（如汉语语言学）的研究成果可以为第二语言教学所吸收和利用。事实上，这类大量的语言本体研究的成果（包括语音、词汇、语法和篇章等）有许多是可以直接或间接应用到第二语言教学中的。例如，国立中正大学语言学研究所戴浩教授的基于认知语言学的理论，在对汉语动词与处所词之间关系的研究中发现，动词前的处所词跟动词后的处所词作用不同，比如：A. 小孩在床上跳；B. 小孩跳在床上。根据戴浩的分析：A 中的“在床上”表示动作发生的地点，B 中的“在床上”表示动作所涉及的目标。显然，这一发现对汉语教学是很有帮助的。而北京大学中文系陆俭明教授对汉语同类词连用规则的研究中，所发现的一系列同类词连用的组合规律，则可以直接应用到对外汉语教材编写和课堂教学中去。第四，第二语言教学可以吸收和借鉴语言学或其分支学科的理论和方法，开展直接服务于语言教学需要的语言本体研究，这是其他学科所不能与之相比的。比如陆俭明的《配价语法理论和对外汉语教学》等，这种以直接满足第二语言教学需要为目的的汉语本体研究及其有关成果，实际上已成为对外汉语教学学科理论研究及其成果的一部分。第五，语言学及其分支学科是外语教学法流派最直接的理论基础。尽管不是所有的语言教学法流派都是从语言学派生出来的，甚至某些流派的倡导者并不承认有什么语言学基础，但是认真分析一下，每一种教学法流派都和某种语言学理论有联系。一些重要的教学法流派则是直接以语言学为基础的，例如：听说法以结构主义语言学为基础，交际法以社会语言学为基础。事实上，新的语言学理论的出现往往引起外语教学法的更新，例如：随着 20 世纪 60 年代初转换生成语言学的出现，外语教学中出现了以培养语言能力（即内化了的语言知识体系）为主要目标，以对语言规则的理解和创造性的运用为重点的“认知法”。第六，语言学及其分支学科（包括所要教授的特定语言的语言学理论——如汉语语言学），为第二语言教学目标的确定、教学大纲的制定、教材编写、评估测试等提供理论依据和指导。

综上不难看出，语言学（包括所要教授的特定语言的语言学）从宏观到微观、从理论到实践，多层面、多角度为第二语言教学提供帮助和指导，因此它是第二语言教学核心性的基础学科。也许正是在这个意义上，不少人曾经把语言学看成是第二语言教学唯一的理论基础，把第二语言教学看成是狭义的应用语言学——语言理论的应用。当然这种看法是有偏颇的，因为语言学不能代替教育学、心理学等学科在第二语言教学中的作用，不能全面支撑起第二语言教学的全过程和整个理论体系。语言学终究不能代替第二语言教学，它只是语言教学的一种资源和背景——一种丰富的资源和广阔的背景。

但是，人们曾经有过的认识上的偏颇，从另外一个角度来看，的确也反映出人们对语言学在第二语言教学中不可替代的重要作用的认识。

3. 教育学是对外汉语教学不可或缺的理论基础

首先，对外汉语教学是一种教学活动，教学活动必须遵循教育学，特别是教学论的一般原理和一般规律。如教学内容的科学性、系统性、连贯性，教学方法的直观性、趣味性、灵活性，以及教学原则方面的循序渐远原则、讲练结合原则、复习巩固原则等，这些教育和教学的一般原理和规律，对各类学校教育以及学校的各门课程都具有重要的指导作用，汉语作为第二语言或外语的教学自然也不例外。其次，教育和教学的一般原理和原则对教学（包括对外汉语教学）大纲的制定、课程设计、教材编写、教学方法的使用等教学活动的全过程和各个环节都有指导作用。脱离教育和教学一般原理和原则的指导，教育教学活动就将陷入无章可循的局面，教育教学的效果将无法得到根本的保障。最后，教育学和教学论是外语教学法流派产生的基础。实际上语言教学法流派往往或明或暗、或多或少地体现出教育和教学的基本原理和要求。有的甚至是在教育学理论和观念的基础之上形成的，例如自觉对比法：在 20 世纪三四十年代的苏联教育学中非常重视德育教育以及重视知识的传授；认为外语课不仅是工具课，更是知识课，传授外语知识不仅是手段更是目的；知识是教学的出发点，技能是在知识的基础上获得的，熟巧则是技能的完善阶段，已获得的技能和熟巧又构成进一步获取新知识的基础。正是在这种教育学原理的直接影响下形成了自觉对比法的基本主张。自觉对比法的形成过程同时也表明，新的教育理念对教学法流派产生的重要影响。不仅如此，新的教育技术和手段等对语言教学观念和方法都有深刻的影响。

4. 心理学是对外汉语教学的重要理论基础

对外汉语教学包括“教”和“学”两个方面的内容。在对外汉语教学学科理论中，不仅要研究把哪些语言知识和什么样的技能，通过何种方式和方法传授给学习者，而且要研究学习者学习语言知识和掌握语言技能的过程和规律，这就需要心理学的支持。首先，心理学是研究人们获得知识、掌握技能和发展智能的心理规律和心理机制的科学。第二语言或外语教学依据心理学的一般原理，可以更科学、更富有成效的培养语言学习者获得语言知识、语言技能和语言交际技能。其次，要研究语言学习者的学习过程，就要分析第一语言习得和第二语言习得的不同过程，研究儿童习得母语和成人学习和习得第二语言的不同特点，而这样的研究离不开心理学理论支持。最后，心理学跟语言学、教育学一样，也是外语教学法流派产生的重要基础。例如，听说法以行为主义心理学的刺激——反应学说为心理学基础；而认知法则是建立在心理学理论——主要是认知学习理论基础之上，并以此成为认知法对外语教学法的最大贡献，而且有意思的是，提出认知法、倡导认知法，从理论上阐述认知法的几乎都是心理学家。

5. 文化学也是对外汉语教学重要的理论基础

对外汉语教学是一种语言教学，教学内容是语言，这一点是非常明确的。但是，由于语言是文化的载体，语言中包含文化因素，因此语言和文化关系密切；更由于第二语言教学或外语教学是一门跨文化的教学，不仅教学过程本身是跨文化的教学过程，而且语言学习者日后以目的语为工具从事的交际活动也是跨文化的交际活动。这样，与语言交际有关的文化知识和文化因素也就必然成为第二语言或外语教学的内容之一。进一步来说，研究不同文化背景下人们交际中的各种问题及其对策、揭示语言中的文化现象和文化因素、研究培养跨文化交际能力的跨文化交际理论，也就自然成为第二语言或外语教学的学科理论基础。此外，从第二语言和外语教学实践来看，由于语言教学中的文化问题越来越受到重视，所以在课程设置、教材编写以及测试等教学实践中文化因素体现得越来越明显。

第二节 对外汉语教学的学科理论体系

一、学科理论体系研究概述

第二语言教学的学科理论体系问题，是第二语言教学理论研究的重要内容。20 世纪 90 年代以来，汉语作为第二语言教学的理论研究，对学科理论体系本身的研究更为重要。

（1）吕必松在《对外汉语教学发展概要》中，把对外汉语教学的学科理论概括为教学理论和基础理论两个方面。教学理论是学科理论的核心，是学科存在的主要标志。它通过对教学的性质和特点、教学过程和教学活动以及与教学有关的各种因素的描写与概括，揭示教学的客观规律，提出教学法原则，以推动各项教学活动沿着科学化、规范化和标准化的方向前进。对外汉语教学的基础理论包括语言理论、语言学习理论和比较文化理论。教学理论的发展是随着基础理论的发展而发展的，但教学理论的发展对基础理论的研究也有促进作用。而在《再论对外汉语教学的性质和特点》《对外汉语教学的理论研究问题刍议》和《对外汉语教学概论（讲义）》等论著中，又进一步把教学法纳入学科理论体系中，从而把对外汉语教学的学科理论概括为基础理论、教学理论和教学法三个方面，指出这三个方面的内容也是对外汉语教学的学科理论研究的范围。其中《对外汉语教学概论（讲义）》把对外汉语教学的基础理论重新概括为：语言理论、语言学习理论和一般教育理论。从而在基础理论中增加了“一般教育理论”，而把原先基础理论中的“比较文化理论”

纳入了“语言理论”中，指出“语言理论也包括近年来发展起来的文化语言学理论”。该书还对教学法做了明确的限定，指出第二语言教学的教学法贯穿在总体设计、教材编写、课堂教学和测试等整个教学过程和全部教学活动中。教学法是总称，它包括教学原则、教学方法和教学技巧等不同层次上的内容。至此，吕必松对对外汉语教学的理论体系的概括大致是：

基础理论——语言理论、语言学习理论和一般教育理论。

教学理论——研究教学本身，揭示第二语言教学规律，是一种综合性应用理论。

教学法——教学原则、教学方法和教学技巧。

（2）崔永华在《对外汉语教学学科概说》一文中，把对外汉语教学学科理论体系概括为三个层次：学科支撑理论，包括语言学、心理学、教育学；学科基础理论，包括第二语言教学理论、语言学习理论、语言习得理论、汉语语言学、学科方法论、学科发展史；学科应用理论，包括总体设计理论、教材编写理论、课堂教学理论、语言测试理论、教学管理理论。其中，学科支撑理论是第二语言教学理论（对外汉语教学学科理论）赖以生存的相关、相邻学科的理论；学科基础理论是指导本学科教学和研究实践的基本指导思想和方法论；学科应用理论是在本学科的基础理论上建立起来的直接指导学科教学实践的理论。

（3）刘珣在《对外汉语教育学引论》一书中，把对外汉语教学的学科体系分成三个部分：理论基础，包括语言学、心理学、教育学、文化学、社会学、横断科学及哲学；学科理论，包括基础理论和应用研究两部分，前者包括对外汉语语言学、对外汉语教学理论、汉语习得理论和学科研究方法学，后者指运用相关学科和本学科的基础理论，对总体设计、教材编写、课堂教学、测试评估、教学管理和师资培养等方面进行专门研究；教育实践，既包括对汉语作为第二语言的学习者的教育，也包括对未来的对外汉语师资的教育，它是学科理论服务的对象，也是学科理论产生的土壤。

可以看到，以上三位学者所展示的对外汉语教学学科体系既有共同之处，也有各自特色。首先，他们都把学科体系划分为三个层次；都有基础理论和应用理论的内容（尽管说法不尽相同）；都强调学科的综合性、跨学科性和应用性；并且在主要的、实质的内容方面看法大致相同。不同的部分主要在于：吕必松的体系中有“教学法”的内容；崔永华的体系中有“学科发展史”等内容；刘珣的体系中有“教育实践”等内容。比较起来，崔永华和刘珣的体系更为接近，几近无太大区别。表现在崔永华和刘珣的体系框架基本相同；并且跟吕必松的体系相比，两家体系中都有汉语语言学、学科方法论、教学管理理论，以及总体设计、教材编写、课堂教学、测试评估等方面的内容。在以上三家体系模式中，吕必松的体系提出最早，并得到修正和完善，在对外汉语教学界影响较大；崔永华和刘珣则提出较晚，但考虑细密，且有所创新。

（4）英格拉姆（Ingram）对外语教学模式的描写是：基础学科，如语言学、心理语言学、社会语言学、心理学和社会学等学科是理论科学家的研究领域，他们的研究成果为应用语言学家的研究提供了理论依据和启发，应用语言学家在此基础上制定了语言教学的原则，并应用于教学大纲、教学目标的制定和教学方法的选择，这些内容通过外语教师的课堂教学实践的检验而成为应用语言学理论的一部分。外语教师根据应用语言学家的理论进行课堂实践并在实践中获得某些技巧和方法。

（5）斯德恩（Stern）提出了外语教学三个层次的理论模式：第一层次是理论基础，包括语言教学史、语言学、社会学、社会人类学、人类学、心理学、心理语言学、教育学等研究成果；第二层次为中间层次，主要是应用型理论，包括学习理论、语言理论和教学理论；第三层次为实践层次，包括方法和组织机构。

（6）束定芳、庄智象把外语教学理论的研究划分为本体、实践和方法三个层次：本体论层次，研究的目标是语言和语言使用的本质及外语学习过程的本质，可以吸收普通语言学、社会语言学、语用学、心理学、心理语言学等的研究成果；实践论层次，研究目标是外语教学的具体实施，包括教学的组织机构、教师培训、大纲的制定、教材编写、测试评估等；方法论层次，研究教学实践中贯彻教学原则的手段和方法。

（7）应云天把外语教学法体系分为教学思想和课程设计两大部分，前者是后者的指导思想和原则，后者是前者的体现。其中教学思想是指对语言特性、社会功能及掌握外语的过程等的认识；课程设计包括如何确定教学目的、教学内容、教学流程和教学方法。

不难发现，（4）~（7）几位学者的观察角度跟我国对外汉语教学界学者的观察角度不尽相同。比较来说，后四位主要着眼于第二语言教学的整个过程来谈学科的理论研究内容，理论色彩较淡而工作流程色彩更浓；前三位主要着眼于第二语言教学的学科理论体系本身来谈学科的理论研究内容，理论色彩更浓而工作流程色彩较淡。尽管如此，后四位学者无论是从外语教学模式的角度，还是从外语教学法体系构成的角度，对外语教学理论体系所进行的描写和概括，对对外汉语教学学科理论体系的研究都是很有启发和借鉴意义的。其中，最重要的一点就是理论研究和理论体系的构建，应着眼于教学实际，紧密结合并服务于教学实践的需求，解决教学过程中的理论问题。事实上，后四位学者和前三位学者的基本观点非但不矛盾，而且大有不谋而合之处。比如，除（7）以外前六位都把教学理论研究的内容划分为三个层次或三个部分，这是很有意思的现象。而且在具体层次上也有诸多相同之处，例如，（2）的“学科支撑理论”、（3）的“理论基础”，跟（4）的“基础学科”、（5）的“第一层次”、（6）的“本体论层次”在内容、定位和预想功用等方面基本一致。其他两个层次或部分也大体相类似。不过，国外第二语言教学界和国内外语教学界的同行似乎更强调不同层次上的理论的“转化”，特别是强调理论家、应用语言学家和外语教师的“分工”，如（4）。强调转化不可谓错，因为第二语言或外语教学是应用性较强的交叉学科，但是过于强调分工则与第二语言教学和外语教学的实际不大相符，实际上也是过于低估了语言教师应有的地位和作用。

二、对外汉语教学的学科建设体系

（一）问题的提出及对策

从以上概述可以看出，第二语言和外语教学界对学科理论体系的看法在观察的角度、体系构成的格局及具体内容方面还存在一定分歧，尽管也有不少相同、相近之处。一个值得关注的现象是，有些学者把所谓的学科理论基础看成是学科理论体系的一部分，这恐怕是有问题的。此外，把诸如教材编写、大纲编制、学科发展史、学科方法论、教学管理、师资培养、教育实践等属于学科应用研究、学科发展建设乃至于学科教学活动、工作安排方面的内容也看成是学科理论体系的内容，同样也是有问题的。这就涉及什么是学科理论体系，体系的形成和概括应依据什么标准的问题。上面所提到的教学管理、师资培养、教育实践，乃至教材编写及其研究能否都看成是学科理论体系的组成部分？如果不能，那么该把它们概括到什么范畴中去？它们与学科的基本理论或者说学科的基本理论体系是什么样的关系？诸如此类的问题，都缺乏应有的研究。为此，本书在前人研究的基础上对有关问题做进一步的探讨和概括，提出“对外汉语教学学科建设体系”和“学科发展建设”这样两个概念，并重新确立学科基础理论、学科基本理论、学科应用理论的内涵和地位。

（二）对外汉语教学学科建设体系

所谓学科建设体系，包括有关学科理论的各个方面和教学实践的各个环节，以及学科发展和建设所涉及的各项内容，它由学科理论基础、学科基本理论、学科应用理论和学科发展建设四个部分组成。学科建设体系概念的提出，主要是基于第二语言教学（对外汉语教学）是一门在多种学科理论支持下形成的交叉学科、是一门实践性极强的应用学科的特点；同时也是基于对外汉语教学在我国还属于缺乏应有的学术传统，因而有待进一步发展和探索这一客观现实。对外汉语教学学科建设体系的基本内容包括：

1. 学科理论基础

这是对外汉语教学学科的基本理论赖以形成的基础，是由对外汉语教学的跨学科性决定的，主要包括哲学、语言学、教育学、心理学和文化学。学科理论基础是对外汉语教学学科发展和建设所应关注的重要内容，也是对外汉语教学理论研究的主要内容之一。不关注学科基础理论的研究现状、发展趋势和重大进展，对外汉语教学就失去了可持续发展的基本条件。所以，对对外汉语教学学科理论基础的研究应该是对外汉语教学理论研究的一部分，这一点是毋庸置疑的。但是，对外汉语教学的学科理论基础本身并不全是对外汉语教学的学科基本理论，对学科理论基础的研究及有关成果可以看作是对外汉语教学学科建设的成果，但不应看作是对外汉语教学学科基本理论的成果，这也是无须怀疑的。因为学科基础理论及其有关学科都属于各自独立的学科，有各自的研究对象、研究目的、研究方法、研究手段和理论体系。同时，这样的研究成果绝大多数情况下都不能直接应用到对外汉语教学实践中去；而教学中遇到的难点，或者不是学科理论基础研究所关注的重点问题，或者研究目的和角度等与教学的实际需要大不相同。

2. 学科基本理论

这是对外汉语教学学科的核心理论，是学科存在的标志，它能够全面指导对外汉语教学实践，全面指导对外汉语教学学科应用理论的研究。它虽具有跨学科的性质，但它是在学科理论基础的指导下，结合教学实际需要而形成的服务于教学的教学理论，体现着学科的性质和特点，是对外汉语教学最基本、最直接、最有应用价值的学科理论本身。学科基本理论的形成及其体系的建立，应该符合以下三个条件：第一，在学科理论基础（体系）中可以找到确定的支撑理论；第二，是对外汉语教学实践的两个根本问题“教什么”和“怎么教”（包括“学什么”和“怎么学”）的理论体现；第三，能够作为学科应用理论研究的理论基础，即能够全面指导有关教学的应用研究。符合这三个条件，便有可能做到有内在联系、有来源、有应用，能指导教学实践、能解决实际问题，前后连贯、逻辑一致，简明周到、科学实用。据此来看，对外汉语教学的学科基本理论应包括学科语言理论、语言学习理论、语言教学理论、跨文化教学理论。它们的支撑理论分别是语言学、心理学、教育学和文化学，也分别包括具有广泛支撑性的哲学；其中，学科语言理论和跨文化教学理论主要帮助第二语言教学解决“教什么”（包括“学什么”）的问题，语言学习理论和语言教学理论主要解决第二语言教学“怎么教”（包括“怎么学”）的问题。这些理论及其各自所包含的具体内容是能够指导诸如教学目标的确立、教学大纲的制定、教材的编写及评估测试等有关学科的各项应用理论研究。学科基本理论（体系）中的每一种理论都包含若干个理论研究的具体范围和方向。应该指出的是，学科的理论基础是学科基本理论形成的依托，但是学科基本理论的研究反过来也能够促进学科理论基础的研究。例如，学科语言理论研究中包括对所教授语言（特定语言学）的面向教学需要的语言本体研究，而这样的研究往往能够发现一些面向语言理论研究需要的语言本体研究所发现不了的重要语言现象，从而拓宽语言本体研究的范围，促进语言本体研究的深入，丰富理论语言学研究的成果。

3. 学科应用理论

这是对外汉语教学学科基本理论的应用和体现，即综合运用对外汉语教学的基本理论来研究教学中的某一实际问题，如教材编写的理论研究、测试理论研究、课程设计研究等。这类研究所形成的有关理论适用面最窄，应用性最强。学科应用理论研究的范围主要包括：教学目标研究、教学大纲研制、学科课程设计、学科课程建设、测试理论研究、评估理论研究、教材编写理论研究、课堂教学研究、教学技巧研究等。同样应说明的是，对外汉语教学应用理论赖以形成的依托是对外汉语教学的学科基本理论，但是学科的应用研究反过来也能够为学科基本理论的研究提供启发和借鉴。例如，课堂教学技巧的研究往往能够促进语言教学理论中教学原则理论的研究。

4. 学科发展和建设

这是对外汉语教学作为一门学科，尤其是作为一项事业，可持续发展所必不可少的方面。主要包括：师资队伍建设、教师进修培训、教学管理研究、学科发展规划、教学实践研究、教学技术开发、教学资源管理、学科历史研究等。有关学科可持续发展和建设的调查和研究主要依托于学科应用理论的研究成果和学科应用研究所反映出的问题。例如，课堂教学的调查研究所反映出的问题，可以进一步促进教学管理研究、师资队伍建设、教师进修培训等的研究。反过来，学科发展建设方面的进步也能够促进学科应用理论的研究，例如，教学实践的深入、教学新技术的开发，往往能够丰富课程设计的理论和实践，促进课程体系建设。

根据以上的论述可以发现，对外汉语教学学科建设体系组成部分之间的关系是：

学科理论基础→学科基本理论→学科应用理论→学科发展建设，依次构成前者对后者理论上的指导关系、启发关系；

学科发展建设→学科应用理论→学科基本理论→学科理论基础，依次构成前者对后者理论上的依托关系、促进关系。

上面这种动态的相互关系构成了对外汉语教学学科建设体系的内在联系和对外汉语教学可持续发展的基础。对外汉语教学的学科理论体系由基本理论（体系）和应用理论（体系）构成，它们是对外汉语教学学科建设体系中的一部分，也是最重要的一部分。其中前者更为根本，最能体现学科的属性，具有学科唯一性，因而是第二语言教学学科存在的标志；后者只是前者的应用研究，不具有学科唯一性，不能成为第二语言教学学科存在的主要标志。因为，任何学科都有教学大纲的研制、教材编写研究、测试理论研究、课堂教学研究之类的应用性研究，但是除了第二语言教学和外语教学，似乎没有哪一个学科能够同时进行语言理论、语言学习理论、语言教学理论和跨文化教学理论的研究，因此它们是对外汉语教学学科的“基本”理论。

第三节 对外汉语教学的学科基本理论

一、学科基本理论概述

在《对外汉语教学的学科理论体系》中，我们论述了对外汉语教学学科建设体系的内涵，并指出学科建设体系由“学科理论基础、学科基本理论、学科应用理论、学科发展建设”四个部分组成，这四个部分都可以成为对外汉语教学研究的对象。但是，在学科建设体系的四个组成部分中，只有学科基本理论和学科应用理论是对外汉语教学理论研究的重点，这两者构成了对外汉语教学的学科理论体系。其中又以学科的基本理论为学科理论的核心，是学科存在的主要证明和标志。没有学科基本理论的指导和启发，学科应用理论就不可能形成和存在，至少难以深入和提高。不把“学科发展建设”看成是学科理论体系的组成部分，是因为其中的内容有的不是“学科”理论本身的研究，如师资队伍建设和教师进修培训等；有的研究理论含量又不是很高，如教学资源管理等；更重要的是，“学科发展建设”的研究不能全面地指导对外汉语教学实践，其成果不能在“教什么”和“怎么教”两个根本问题上有所作为。因为它们本身主要是实践性的、工作性的，尽管这种“实践”和“工作”对学科发展和建设来说是必不可少的。不把“学科理论基础”看成是学科理论体系的组成部分，不是因为内容的理论性不强，也不是说有关的研究在“教什么”和“怎么教”两个根本问题上完全无所作为，主要是因为它们分属不同的学科。把学科理论基础纳入学科建设体系，以及确认为对外汉语教学的研究对象之一，仅仅因为对外汉语教学是一门跨学科性的学科，即它们是对外汉语教学学科基本理论形成的基础。同时上文还着重阐述了学科基本理论确立的标准，并据此把对外汉语教学的学科基本理论确定为：学科语言理论、语言学习理论、语言教学理论、跨文化教学理论。从而试图从宏观上确立学科的基本理论在学科建设体系和学科理论体系中的地位和作用。

应该指出的是，完整的对外汉语教学的学科理论体系是由学科的基本理论和学科应用理论两个部分组成的。强调学科的基本理论是对外汉语教学学科理论体系的核心，并不意味着否认和抹杀学科应用理论在学科建设体系和学科理论体系中应有的地位和作用。事实上，学科应用理论在教学实践中具有不可替代的重要的指导作用，在很大程度上体现着学科的性质和特点。学科应用理论直接指导着教学实践，它的研究水平不仅体现了学科理论研究的水平，也体现了教学实践可能达到的深度和广度。因此，加强学科的理论研究必须重视对学科应用理论的研究，这一点应该是毋庸置疑的。但是，也必须看到学科的基本理论能够起到“外联”——直接联系学科的理论基础（如语言学、教育学、心理学等）的作用，从而体现学科的交叉性特点；能够起到“内导”——直接指导学科的应用研究（如指导教材编写研究、测试研究等）的特殊作用，从而体现学科的应用性特点。这种“外联”“内导”的作用是学科应用理论所不具有的，因此，学科的基本理论是学科理论（体系）的核心。

我们还根据有关研究，从学科建设体系的角度阐述了学科基本理论的构成条件，并确立了学科基本理论（体系）是由学科语言理论、语言学习理论、语言教学理论、跨文化交际理论四个部分组成的。应该强调的是，这只是从宏观上、从学科基本理论与学科建设体系中的其他组成部分的关系而言。实际上，这四个部分本身的确立，特别是其中每一个部分、每一种理论所包含的若干具体的研究内容和方向的确立，还应该符合“两个面向”和“三个结合”的原则，即面向第二语言教学的实际，面向中国对外汉语教学的实际；结合国外第二语言和外语教学的理论和实践，结合第二语言教学的两个根本问题“教什么”和“怎么教”，结合中国的教育传统和教学方法。其中，“两个面向”是学科理论研究和建立的根本着眼点，要求我们在确立学科基本理论及其体系建立过程中至少要考虑到：第二语言教学的性质特点、中国对外汉语教学在学科理论建设上的需求。“三个结合”是学科理论研究和建设的根本途径，要求我们在确立学科基本理论及其体系建立过程中至少要考虑到：国外同类性质的教学理论研究和教学实际的现状和发展趋势并做出选择；在教学的两个根本问题“教什么”和“怎么教”的问题上提供理论指导；在中国传统的教育理念和教学方法上做出分析，吸收合理的因素、摒弃不合时宜的因素。符合“两个面向”和“三个结合”的原则，便有可能使所建立的学科基本理论体系符合第二语言教学的学科属性，符合中国对外汉语教学学科理论建设的需要；能够保证在学科的根本问题上提出行动的理论指南，能够保证在学科理论上，中外结合有所创新。从而使学科理论既有应用价值，又有自己的特色。从基于“两个面向”和“三个结合”的原则来看，学科基本理论的四个组成部分分别包含的主要内容是：

（1）学科语言理论：面向对外汉语教学的语言学及分支学科研究、汉语语言学研究。

（2）语言学习理论：基本理论研究、对比分析、偏误分析、中介语理论。

（3）语言教学理论：学科性质理论、教学原则理论、教学法理论、中国传统教学观。

（4）跨文化教学论：文化教学的地位、文化教学的内容、文化教学的原则。

其中，学科语言理论和跨文化教学理论主要在“教什么”和“学什么”方面发挥指导作用；语言教学理论和语言学习理论主要在“怎么教”和“怎么学”方面发挥指导作用。

二、学科语言理论

（一）面向对外汉语教学的语言学及其分支学科理论研究

首先，包括对外汉语教学在内的第二语言教学的教学内容是语言，既然教的是语言，那么语言学的理论就必然对语言教学的理论和实践产生影响。这种影响可能大可能小，可能是自觉的也可能是不自觉的，但是这种影响的存在是客观的。因此，语言学及其各有关分支学科（如社会语言学、文化语言学、篇章语言学、认知语言学、语义学、语用学等）的理论，就不能不成为第二语言教学关注和研究的重要内容。只是我们应该强调，这些理论必须和第二语言教学的实际需要相结合，即能够服务于第二语言教学的需要，才能成为指导和影响教学理论和教学实践的第二语言教学的学科基本理论之一——学科语言理论。这就是说，语言理论能否和教学实践相结合、能否在实践中发挥作用以及发挥多大的作用，是其能否成为第二语言教学学科语言理论的标志。

比如，普通语言学对语言本质特征的认识之一就是：语言是人类最重要的交际工具。这一理论对第二语言教学有着广泛、深刻和根本性的指导意义。它给第二语言教学的启示是，第二语言教学的目的就是让学习者掌握语言工具，从而更好的交流。因此，要把语言当作交际的工具来教，当作交际的工具来学。树立这样一种语言教学观和语言学习观，就会把听、说、读、写等语言能力，特别是语言交际能力的培养和养成放在语言教学和学习的首要和根本位置，而把语言知识的教学和学习看成是相对次要的，是为实现掌握语言这种交际工具而服务的。这种语言学理论及其由此形成的语言教学观是符合第二语言教学实际需要的。相反，如果把语言的本质看成是一种知识系统，就可能把语言当作系统的知识来教，当作系统的知识来学。树立了这样一种语言教学观和语言学习观，相应地就会把语言知识的教学和学习放在首位，把语言能力和语言技能的培训放在次要的位置。显然，这种语言理论及其由此形成的语言教学观是不符合第二语言教学需要的。可见，在不同的语言理论指导下，就会形成不同的语言教学观和语言学习观，对语言教学和学习的影响也就不同，甚至是截然相反的。观念不同，做法就不同，效果也就大不一样。从这个意义上说，语言理论对第二语言教学影响深远，意义重大。因此，在第二语言教学学科基本理论中确立学科语言理论的地位是非常必要的。事实上，不管是否确立语言理论在第二语言教学中的应有地位，语言理论特别是语言观都无时无刻不在影响着语言教学。但是，需要再三强调的是，并非所有的语言学理论都能对第二语言教学产生直接的、符合实际需要的影响，因而并非所有的语言学理论都能成为第二语言教学的学科语言理论。学科语言理论研究的一个重要方面就是，哪些语言学或语言学分支学科的理论对第二语言教学有直接的指导意义，有什么样的指导意义，怎样实现这样的指导意义。遗憾的是，我们在这方面所做的工作还很不够，甚至还没有明确地意识到这一点。因而，不少学者只是把语言学看成是第二语言教学的支撑学科或理论，而没有把语言学理论的“引进”自觉地当作学科的基本理论研究的重要内容，更没有在学科基本理论体系中确立学科语言理论的地位。所谓学科语言理论中的“学科”，指的就是第二语言教学；“学科语言理论”指的就是第二语言教学学科理论中的语言理论，即能够满足第二语言教学学科理论建设需要的语言理论，能够指导第二语言教学实践的语言理论。相反，不符合第二语言教学性质和教学目的的语言学理论，不能对第二语言教学产生影响的语言学理论，不能直接指导第二语言教学实践的语言学理论，都不应属于第二语言教学学科理论中的语言理论，尽管这些语言理论本身可能很有学术价值和理论意义。需要指出的是，第二语言教学界存在一种不正确的认识，那就是忌讳说第二语言教学“应用”或“引进”语言学理论，似乎这样说就降低了第二语言教学的学科地位。其实，这种疑虑是大可不必的，因为“应用”是必然的——不管是否意识到，“引进”是必需的——不管是否愿意。第二语言教学具有跨学科性，是一门交叉学科，这就从根本上决定了“应用”和“引进”的必然性。事实上，不但要应用和引进语言学理论，还要应用和引进教育学和心理学等学科的理论，这样才可能建立起对外汉语教学的学科理论体系。还应该强调的是，我们不光要应用和引进语言学理论，更要自觉地、主动地开展面向第二语言教学学科理论建设和教学实际需要的语言学及其分支学科的理论研究。这样才可能建立起完整的符合第二语言教学规律的学科语言理论体系。

（二）面向对外汉语教学的汉语语言学研究

就对外汉语教学来说，学科语言理论还应该包括把汉语作为第二语言或外语教学而进行的汉语研究所形成的汉语语言学理论。这是因为，对外汉语教学教的是汉语，所以分析汉语的结构规律、了解汉语的组合规律、掌握汉语的表达规律就成为对外汉语教学研究的主要内容。深入挖掘和细致描写汉语的这些语言规律，其目的就是为了更好地指导教学实践，提高对外汉语教学的效率。因此，面向对外汉语教学需要的汉语本体（包括语音、语法、词汇、篇章等）研究的成果，是学科语言理论的重要组成部分。这种研究的根本目的是让学习者在更短的时间内，更快更好地掌握汉语的语言知识并进一步转化为运用汉语进行交际的能力。换言之，作为学科语言理论的汉语语言学研究是为了服务并服从教学实践的需要，而不在于追求理论的系统性和知识的完整性；研究的侧重点是教学中的难点以及汉语同学生母语的异同（特别是不同之处），汉语词汇和语法研究的侧重点是功能和用法；研究的角度除了从语言学层面对汉语的结构规律、组合规律和表达规律进行揭示和描写外，还要从汉外对比、跨文化交际、语言习得、学习者个体差异、认知心理等多角度进行综合研究。所有这些都与把汉语作为一种语言系统而进行的语言研究，以及把汉语作为第一语言教学所进行的语言研究有很大的不同。

对外汉语教学的学科语言理论包括面向教学实际需要的普通语言学及其分支学科的理论和应用研究，包括面向对外汉语教学需要的汉语语言学理论和应用研究。这两个方面研究的关键是要面向对外汉语教学实际，而不是为了其他目的的一般意义上的研究。一旦这些理论能够服务于对外汉语教学，并且得到整合和相对系统化，那么就可以看作是对外汉语教学的学科语言理论。目前的问题是，我们对对外汉语教学学科语言理论的重视还需要进一步加强，目标还需要进一步明确，已有的研究成果也还需要系统地整合。同时，在学科语言理论的研究中特别要加强面向对外汉语教学的汉语语言学研究。实际上，课堂教学许多问题说不清，就是因为这方面的研究还很不够。所以，应该强调汉语研究是对外汉语教学的基础，是后备力量，离开汉语研究，对外汉语教学就没法前进。就汉语本身的研究来看，事实的深入发掘，规律的有效揭示，至今还存在大片的薄弱点和空白点，远远不能够满足对外汉语教学的需求。这些都表明加强面向对外汉语教学需要的汉语研究的必要性和迫切性。

三、语言学习理论

（一）语言学习理论研究概况

语言学习理论主要研究学习者语言学习的过程和规律，它是第二语言教学学科基本理论之一，是语言教学理论确立的重要前提。关于语言学习理论研究的现状，北京语言大学教授刘珣曾做过很好的概括，指出："有关第二语言学习研究在最近三十年有了很大的发展，据统计现在西方至少有四十种有关第二语言学习的理论。但西方学者同时也告诫大家，对语言学习理论研究的深度目前还不能期望过高，这些理论所引起的争议有时甚至大于所达成的共识。即使根据那些为较多人所接受的理论，人们也只能在一定程度上了解到第二语言学习者在做什么，他们掌握了些什么，还不可能肯定地说他们是怎么做的，是怎么掌握的。至于把这些有关语言学习理论研究成果运用到教学实践中去，指出如何教第二语言，恐怕就为期更远了，还有一段艰巨的路程要走。"他还指出，国内对语言学习理论做专门的、深入的研究，起步就更晚了，这方面的研究还是个别的、零星的，规模远不如对教学法的研究。近年来，国内外对语言学习理论的研究都有了进一步的发展，国内一些学者，包括在海外从事汉语教学与研究的学者对汉语学习理论进行了许多开拓性的研究。例如，1992 年《世界汉语教学》编辑部、《语言文字应用》编辑部、《语言教学与研究》编辑部共同发起主办了"语言学习理论研究"座谈会，并出版了论文集《语言学习理论研究》。这次会议及有关成果既对我国语言学习理论的研究做了初步的总结，同时对汉语学习理论的研究也起到了进一步推动作用。总的看来，已有的理论研究和实验研究成果还远不能满足学科建设和教学实际的需要，汉语学习理论的研究将是一项长期而艰巨的任务。就目前来看，在进一步引进、评介西方有关研究成果的同时，应结合汉语和汉语作为第二语言教学的实际，着力研究语言学习的基本理论、对比分析、偏误分析、中介语理论。

（二）语言学习理论基本问题研究

1. 学习主体分析

语言学习是发生在学习者身上的事，一切教学目的、任何教学方法、所有教学手段和资源、学校和教师各种努力，最终都必然也应该在第二语言学习者那里得到体现和检验。所以首先也是首要的，是要研究学习者的基本情况，这样才可能真正做到有的放矢、因材施教。对学习者的分析和研究主要包括：

学习者的认知因素：包括跟语言学习有关的年龄、智力、语言潜能、认知策略等。

学习者的情感因素：包括最能影响学习效果的学习动机、学习态度、个性特征等。

学习者的素质因素：包括原有的母语知识、对语言的一般知识、百科知识等。

2. 基本问题研究

基本问题研究包括对一些基本概念、基本关系和基本问题的研究和探讨，例如："学习"和"习得"的含义及其相互关系；第一语言学习和第二语言学习、儿童母语学习和成人外语学习的异同关系；母语对第二语言学习的干扰和促进；语言输入和语言输出的关系；课堂教学和自然习得的比较；语言能力的构成因素及形成过程；语言交际能力的构成因素及形成过程；语言学习环境的构成因素及对学习者的影响；口语学习和书面语学习的特点及相互关系等。

（三）对比分析

1. 对比分析概说

对比分析作为一种语言分析方法已有相当久远的历史了，可以追溯到 19 世纪的历史比较语言学。把对比分析运用到第二语言教学始于美国语言学家弗思（Fries），他在 1945 年就指出："最好的教材是这样的教材：它的立足点是一方面对所学外语进行科学的描写，另一方面又对学生的本族语进行平行的描写，加以仔细的比较。"然而，从第二语言学习的角度提出对比分析假说及对比分析具体方法的学者是拉多（Lado）。在《跨文化的语言学》（*Linguistics across Cultures*）一书中拉多（Lado）表明了自己的基本设想："人们倾向于把本族的语言和文化中的形式、意义以及二者的分布方式转移到外族的语言和文化中去。"我们假定，学生在接触外语时，会觉得其中有些特征易学，有些难学。与本族语相同的要素，他们觉得简单，不同的就困难。教师如果把两种语言比较过，就知道真正的困难何在，因而更有办法去进行教学。由于拉多（Lado）等人的提倡，对比分析盛行于20世纪五六十年代。人们一度相信，语言学习的障碍是母语的干扰；通过目的语和学生母语的对比，可以为教材编写提供根本性的依据；可以预测因两种语言的差异而造成的学习中的难点，从而在教学中采取预防措施。但是，到了20世纪60年代后期，对比分析受到怀疑和批判。有人指出，"按对比分析编出的教材，使用效果并不见得很好"；"对比分析的鼓吹者说它能预测外语学生会在什么地方出岔子，出的什么样的岔子，然而事实上办不到。"于是，对比分析逐渐被错误分析和中介语研究等所替代。但到了20世纪80年代，人们开始重新认识对比分析在语言研究和外语教学中的重要价值，对比分析再次受到人们的关注。

2. 对比分析的理论基础和分析步骤

对比分析是把目的语跟学习者的母语进行共时层面上的系统比较，找出两种语言的异同点特别是差异所在，借此预测学习中的难点，并在教学中采取积极的预防措施，建立起有效的教学方法。对比分析以结构主义语言学和行为主义心理学及迁移理论为理论基础。它出现在结构主义语言学和行为主义心理学的鼎盛时期，与这二者有着不解之缘。结构主义语言学强调对语言的结构进行客观的、静态的、形式方面的描写，并且相信在对两种语言进行精确地描写的基础上，通过对比可以发现两种语言的异同，这是对比分析产生的重要理论依据。行为主义心理学认为，语言是一种行为习惯，习得一种语言就是习得一种习惯。母语习惯的形成未受到其他语言的干扰，而学习第二语言或外语则意味着要克服母语的干扰形成一套新的习惯。用迁移理论来说，就是母语中与目的语相同的地方将促进目的语的学习，而母语中与目的语不同的地方就会造成学习目的语的困难，差异越大造成的困难也就越大。这种原有的知识对新知识的学习产生影响的现象被称作"迁移"，其中促进新知识学习的迁移叫"正迁移"，干扰和阻碍新知识学习的迁移叫"负迁移"。第二语言学习中的错误正是学生母语习惯负迁移的结果。对比分析假设的核心就是第二语言学习的障碍和困难来自母语的干扰，通过对比两种语言结构的异同，可以预测学习者的语言错误和难点，从而在教学中加以突出，并采取措施加以克服，达到避免和减少语言错误的目的，更好地提高教学质量。

对比分析大体包括四个步骤：

第一步，描写：对所比较的两种语言进行详细的描写，作为对比的基础。

第二步，选择：由于不可能对两种语言所有的方面都进行比较，因此必须对要比较的某些语言项目进行选择。

第三步，对比：对选好的语言项目进行对比，找出它们的异同点。

第四步，预测：根据对比的情况，对第二语言学习者在学习中可能出现的错误和学习困难进行预测。这种预测一般是通过构建第二语言学习“难度层次”或通过应用心理学和语言学的理论来实现。

3. 对比分析理论评价

20 世纪 60 年代后期，由于转换生成语言学和认知心理学的出现，对比分析的语言学和心理学基础都受到了挑战。人们开始转向对第二语言学习过程的研究，加上教学实践和实验研究的深入，使得对比分析理论上的一些缺陷和局限也随之暴露出来。首先，对比分析的核心思想认为，语言之间的差异是造成学习者语言错误的主要乃至根本性的原因，因此只要通过对比分析找出目的语和母语之间的差异，就可以预测学习者在目的语学习过程中可能出现的错误。然而，实际观察表明：对比分析所预测的学习中的语言错误并没有出现；而没有预测到的语言错误却出现了。这说明对比分析对学习者语言错误的预测能力是十分有限的，换言之，两种语言的差异并不能自动、必然地引申出第二语言学习中的问题。这就是说，对比分析理论的根本前提——第二语言学习者的语言错误完全是由于学习者母语干扰造成的，这一假设是有问题的。调查研究表明，学习者的语言错误是多方面原因造成的，既有母语干扰（负迁移）的原因；更有学习者在学习的内在化过程中对目的语理解和消化不够全面和准确的原因，例如过度概括、忽略规则的使用条件、应用规则不全等；甚至还有教师和教科书的误导等原因。其次，对比分析理论认为，母语与目的语之间的差异越大，干扰就越大，学习的困难也就越大。这种将“语言之间的差异”同“学习者的困难”等同起来的做法缺乏理论支持。“差异”是语言形式上的问题，“困难”是心理学上的问题，把二者必然地联系、等同起来，是没有心理学依据的。实际情况往往是，两种语言形式上差别明显的，掌握起来并不见得就难，而表面上相近的地方有时倒是最难掌握的，这些地方常常是学习者最感困难和最容易出错的地方。可以说，对比分析把学习者的语言错误必然地看成是母语干扰造成的，把“学习者的困难”跟“语言之间的差异”必然的等同起来，是这一理论的两大根本缺憾，在理论和实践上都缺乏有力的支持。

但是，无论从历史还是从现实需要看，对比分析都应成为第二语言学习理论研究的重要领域，较之于其他一些理论模式，对比分析更有其自身的价值，关键是要恰当地估计对比分析的作用，开拓对比分析的新领域。首先，对比分析对语言学理论和第二语言教学理论做出了历史性的贡献。它形成了一套严密的、行之有效的对比分析方法和工作程序；通过对不同语言形式特征的细致刻画和比较，发现了许多不用这种方法就不容易发现的重要语言现象，从而不但丰富了普通语言学理论，更丰富了第二语言教师的语言知识和对语言之间差异的深刻理解，而这无疑有益于教学实践的深入和教学水平的提高。因此，对比分析始终对第二语言教师有着很大的吸引力。其次，要正确估计对比分析的作用。要充分认识到对比分析并不能解决学生的所有问题和困难，但是对比分析也绝不是对学生的所有问题和困难都不能解决。实际上，对比分析之所以碰到怀疑，是因为早先对它期望过高，以为能预测和预防外语学生的错误，能成为编写教材的唯一基础。但是估计过高固然不对，估计过低也不好。语言对比显然能大致推断学生会在什么范围内出错，在发现错误后也能帮助我们说明产生错误的一部分原因。这就是说，对比分析虽然对学生语言学习困难的预测能力并没有人们当初期望的那么大，但毫无疑问它仍然是第二语言教学不可或缺的辅助手段。不能因为它未能实现人们过高的期望，就完全抹杀它在第二语言教学和学习中所应该和能够起到的重大作用。最后，我们应该在教学实践和理论研究中进一步完善和拓宽对比分析的领域。事实上，对比分析所预测到的难点和可能出现的错误，之所以未出现，原因之一是学生有意回避的结果（正是因为感觉到“难”所以才不用），如果是这样的话，那么恰好证明对比分析的预测是对的。诸如此类的问题还需要我们进一步加以研究和探讨，从而不断丰富和完善对比分析理论。更重要的还在于，要把对比分析的内容从语音、词汇和语法的对比，扩大到语用、篇章、话语和文化等领域上来。对比分析的主要倡导者拉多（Lado）早在1957年就指出过，文化对比与语言对比在对比分析中有着同等重要的地位。只是在后来的对比研究中，文化的对比一直没有受到应有的重视，连拉多（Lado）本人也忽略了这一点。实际上，第二语言学习者的许多困难和语言交际错误都跟目的语与母语之间语用、篇章、语言和文化等方面的差异有关。

（四）偏误分析

1. 偏误分析概说

既然对比分析不能预测和解决学习者的全部语言错误，于是从20世纪70年代开始，人们把注意力由语言之间的对比转向对学习者语言错误本身进行系统地分析和研究，并形成了错误分析理论。这一理论给语言学习和习得研究带来了如下两个极为重要的转变。

其一是在研究的侧重点上，由关注目的语和母语的对比转为对学习者、学习过程、语言错误本身的关注，使第二语言学习者及其语言错误在教学和学习中的作用受到了前所未有的重视和研究；其二是对待错误的观念发生了根本性的变化，传统上并不把语言错误看成是有理论价值的东西，因而错误分析只是用目的语为标准去判断错误和评估学生的语言水平，并通过对错误的分析来帮助确定教学内容的先后顺序、决定教学和练习的重点和难点，直至最终消灭错误。而在偏误分析的理论中，学生的语言错误被看作是第二语言学习过程中的正常现象、必然现象，是有价值的东西而不再是避之而不及的东西。也就是说，在对比分析那里，从教师和教的角度看，语言错误实际上象征着学习上的失败，第二语言教学和学习的过程实际上就是纠正和避免语言错误的过程；而在偏误分析这里，从学习者和学的角度看，语言错误不再被看作是失败的象征，而被看作是学习过程中不可避免的和有用的，因为它反映了学习者对目的语所做的假设，这种假设与目的语实际不符才出现了偏差。分析错误可以了解学习者是如何建立和检验假设的，可以探索外语学习的心理过程。

关于偏误分析的作用，科德在《学习者错误的重要意义》一文中曾指出，对学习者的偏误进行分析有如下作用：教师可以了解学习者对目的语的掌握程度及其所达到的阶段；研究者可以了解学习者是如何学习和习得目的语的，及学习者在学习过程中所采取的学习策略和步骤；学习者本人可以利用错误分析来检验其对目的语的结构规则和表达规则所做的假设。科德在《应用语言学导论》中还说过，错误分析最明显的实际用途是为教师服务。错误提供反馈，它告诉教师他用的教材和教学方法产生了什么效果，并且也向他提出他所依据的教学大纲中哪些部分在教和学的过程中还有不足之处，需要进一步重视。错误能使他决定他是否可以接下去讲授教学大纲中的下一个项目，或者是否必须花更多的时间继续讲授他正在讲授的项目，这就是错误的常见价值。

2. 偏误分析的理论基础和分析步骤

偏误分析旨在对第二语言学习者的语言错误（偏误）进行系统的分析和研究，确定其错误的来源，并以此揭示第二语言习得的心理过程和习得规律。偏误分析的心理学基础是认知理论，语言学基础是诺姆·乔姆斯基（Noam Chomsky）的语言习得机制理论，即人是通过大脑中的语言习得机制来学习和获得语言的。偏误分析理论认为，第二语言习得过程是语言规则形成的过程，即学习者不断从目的语的输入中尝试对目的语规则做出假设，并进行检验与修正，逐渐向目的语靠近并建构目的语的规则体系。科德曾特别强调指出：错误分析的关键在于语言的系统性，因而也在于错误的系统性。如果不根据这一假设出发，没有人会问津错误分析这项工作。这绝不是说所有的错误都是一贯而有系统的。然而，对于没有系统性的东西是无法进行描写和解释的。当然也应明确，有些东西可能从表面看是没有系统的，那只是我们对它的规律性还没有认识。这就是说，偏误的根本特性在于它的系统性和规律性，偶然的口误和笔误之类的错误并不就是偏误。

偏误分析的程序，按科德的意见分为以下五个步骤：

第一步，搜集供分析的语料。包括口头表达和书面练习以及听力调查获得的语料。

第二步，鉴别其中的偏误。从语法和交际两个方面来进行，不符合语法则为偏误；符合语法但在交际情境中用得不恰当，亦为偏误。同时还要区别有规律性的偏误和偶然的失误。

第三步，对鉴别出来的偏误进行分类。从不角度、为不同目的，可以有多种分类。

第四步，解释偏误产生的原因。偏误被鉴别出来，并做了分类以后，接下来就是分析偏误产生的原因。主要有母语语言和文化的负迁移、目的语语言和文化的负迁移（过度泛化）、学习策略和交际策略的影响、教师和教材及教法的误导等。

第五步，评估偏误的严重程度。即偏误对交际的影响有多大，影响大小取决于偏误性质的程度。有的对交际影响不大，有的可能使交际不畅甚至引起误解，有的则可能妨碍思想的交流，造成交际无法进行下去。

其中，对偏误的分类大致有以下几种情况：

其一，从语言形式上，把偏误分成语法、词汇和语音，并对有关内容进行再分类。这种分类是传统的做法，着眼于语言形式，服务于课堂教学，不重视交际中的偏误分析。

其二，从偏误的来源上，把偏误分成语间偏误和语内偏误，前者是由母语语言和文化的干扰造成的，后者是由对目的语规则理解不正确或不全面造成的。

其二，从偏误的来源上，把偏误分成语间偏误和语内偏误，前者是由母语语言和文化的干扰造成的，后者是由对目的语规则理解不正确或不全面造成的。

其三，科德从中介语系统上，把偏误分成前系统偏误、系统偏误和后系统偏误。前者指学习者目的语语言系统形成之前的偏误，因为正在学习和理解所学语言，处于对语言规则的探索阶段，因而学习者还不能解释，亦无法改正自己的语言错误；中者指学习者知道目的语的某个规则，但还没有完全掌握它们的用法，或者说学习者对有关规则做出的假设是不正确的，致使学习者有规律地运用一个错误的语言规则，因而出现规律性的偏误，学习者能对这类偏误做出一些说明，解释为什么要这样用，但不能对偏误自行改正；后者指学习者目的语系统形成之后的偏误，学习者虽然已经掌握了目的语的某一个（些）规则，基本能正确运用，但有时因暂时遗忘等原因而用错，学习者能自行纠正这类偏误，并且能说明偏误的原因。

3. 偏误分析理论评价

偏误分析理论对第二语言教学研究的贡献在于：第一，偏误分析使第二语言教学更加自觉地转向注重对学习者及其学习过程的研究，而这一转变是由注重教向注重学迈出的坚实的一步，也是向着改进和提高第二语言教学质量和效率迈出的关键一步，不仅拓宽和丰富了第二语言教学基本理论研究的范围，也使偏误分析理论自身成为第二语言学习理论的重要组成部分。第二，偏误分析的最大贡献还在于，它使人们从根本上改变了对第二语言学习过程中出现的偏误本质的认识。它把偏误从需要避免和纠正的消极地位，提高到了是了解和认识第二语言学习过程和学习规律的导向和窗口的积极地位。学习者的语言偏误是学习过程中的正常的、必然的现象；偏误是语言学习过程中必经的路标，不出错是学不会语言的。它对偏误的分类和来源的探究，极大地促使人们对待错误的态度和纠错时的某些做法进行重新思考。错误不再是“洪水猛兽”，不再是教学过程中时时处处需要防范的“大敌”;“有错必纠”也要看是哪一个阶段的错误，对系统偏误可能会有一定的效果，而对前系统偏误和后系统偏误则起不了太大的作用。这就是说，偏误分析启示我们对不同阶段不同类型的错误，要采取不同的态度和措施，而绝不能一味地有错必纠。第三，偏误分析基本上形成了一套比较有效的偏误分析方法和程序。其具体研究成果为课堂教学、教材编写和测试等提供了积极的反馈和依据，有利于教学实践的改进和教学效率的提高。

偏误分析的局限性在于：第一，鉴别偏误的标准在实践中有时很难把握。这里面有偏误性质的程度问题，也有目的语各种变体带来的问题等。第二，偏误的分类缺乏统一的标准。不论从哪一个角度进行分类，实际上都有一些偏误难以归入其中或可左可右。第三，从理论到实践都还很难说明偏误跟“回避”的关系。回避是一种有意识的交际策略，偏误分析很难说明回避出现的情况以及回避是否就是“偏误”等。诸如此类的问题，都需要进一步加以研究和完善。

（五）中介语理论

1. 中介语理论概说

中介语指的是第二语言学习者特有的一种语言系统，这一语言系统在语音、语汇、语法、语言交际及其相关文化等方面既不同于学习者自己的母语，也不同于目的语，而是一种随着学习的进展向目的语的正确形式逐渐靠拢的动态的语言系统。20 世纪 70 年代，科德（Corder）、尼姆塞（Nemser）、塞林格（Selinker）三位学者对早期中介语理论的形成和发展做出了杰出的贡献，他们几乎是同时提出了相近的理论观点。科德（Corder）把学习者的语言系统称作“过渡能力”系统，这个系统是学习者现实的心理规则系统，学习者在对目的语规则假设的不断检验的基础上逐步更新了这个系统，学习者习得过程中所产生的系统偏误，就是这种过渡能力的表现。尼姆塞（Nemser）用“近似系统”的概念来描述学习者的语言系统。“近似系统”是说学习者的语言系统是逐渐接近目的语系统的、不断变化的连续体。一方面，学习者不可能在瞬间接触到整个目的语系统，另一方面，学习者的母语是一种干扰源，使学习者的语言系统偏离目的语系统。塞林格（Selinker）1969 年在论文 *Language Transfer* 中首先使用了 Inter Language 这一概念，1972 年又发表了题为 *Inter Language* 的著名论文，确立了中介语理论在第二语言习得研究中的地位。他认为，由于学习者的话语跟目的语是不一致的，那么，在构建第二语言学习理论时，人们完全有理由，或者说，不得不假定存在着一个独立的，可以观察到的语言输出为基础的语言系统……我们把这种语言系统叫作“中介语”。中介语这一概念包含两层意思：一是指学习者语言发展的任何一个阶段的静态语言状况；二是指学习者从零起点开始不断向目标语靠近的渐变过程，也就是学习者语言发展的轨迹，这个过程是动态的。借用“共时”和“历时”两个语言学术语来说明中介语这两层意思的话，那么静态的语言状况相当于“共时”，动态的发展过程相当于“历时”。中介语理论要研究的是这个“历时”的动态过程，而“历时”的研究必须建立在对“共时”的描写的基础之上。

2. 中介语研究的目标和基本途径

中介语研究的基本目标是发现并描写中介语系统，中介语研究的核心目的是探求第二语言学习者语言系统的本质，揭示第二语言习得过程的内在规律，为课堂教学和教材编写内容的选择、组织和安排等提供理论依据。中介语研究的基本途径是观察和实验，以及对观察和实验的结果进行比较、分析和描写。观察就是直接了解学习者学习和习得的情况，包括观察对象的背景情况、语言输入和输出情况等，实验就是根据对中介语发展的某种假设进行有计划的实验，而通过观察得到的初步结论也要经过实验来证实。比较就是对观察和实验的结果进行比较，包括个体之间、群体之间的横向比较，个体与群体在不同阶段学习及习得情况的纵向比较。分析就是对观察、实验和比较的结果进行分析，揭示各种主客观条件在语言习得中的作用以及产生偏误的原因等，包括语言习得和偏误跟个人背景的关系，跟教材和课堂教学、课外语言环境等的关系。描写包括随时对观察、实验、比较和分析的结果进行记录和整理的即时描写，对某一阶段（如一学期 / 学年）的观察、实验、比较和分析的结果进行系统的描写和整理的阶段性描写，对某种语言的中介语进行全面整理和归纳的系统描写。其中最基本的研究方法有：垂直研究，即对某一个或一些学习者第二语言的学习过程进行跟踪调查；交叉研究，即同时对处于同一学习阶段的学习者的中介语进行研究。

3. 中介语的特征和中介语产生的根源

中介语主要有以下三个特点：

整体的系统性：中介语作为一种第二语言或外语学习者使用的语言，具有人类语言的一般特性和功能。从内部构成上说，它也是由语言要素构成的系统，具有语音、词汇和语法的规则系统，而且学习者能够运用这套规则系统去生成他们从来没有接触到的话语。从外部功能上看，中介语可以发挥交际工具的职能，完成一定的交际任务。中介语的系统性还体现在，学习者使用的第二语言虽然与目的语系统有一定的差距，但却是依据一定的规则进行的，而不是任意的。也就是说，中介语在任何阶段都呈现出较强的系统性和内部一致性，学习者的言语行为是受到中介语系统规则支配的，这跟母语的使用情况是一样的。实际上，学习者第二语言交际中所出现的偏误是以目的语的规则体系作为衡量标准的，从中介语系统来看，这些所谓的偏误就又当别论了。

内部的重组性：中介语系统是一个不断变化的体系，一方面有来自母语规则迁移的影响，另一方面有来自目的语规则泛化的影响，同时学习者不断地接受新的目的语规则，不断地做出新的假设，这样就使得中介语总是处在不断扩展、修改和重组的过程中。中介语系统正是在这种不断变化、重组和逐步修改假设的过程中，逐渐向目的语系统靠拢。

发展的僵化性：从总的趋势上来说，整个中介语是在不断地向目的语系统接近的，但这种接近不是直线式的，而是曲折式的，表现为在整个中介语系统上和某些方面的僵化现象。具体体现在：第一，某些已经纠正过的偏误往往有规律地反复重现。鲁健骥认为，造成这种情况的原因可能是：外语学习者在表述一个意思的时候，需要使用的目的语形式比较难，他就会退而使用一个更为熟悉和理解的中介语形式，而这一形式从目的语的标准来看是有偏误的。第二，学习者的中介语连续体在尚未达到目的语状态时便停止了发展，进一步的学习也不会再有进步。第三，学习者的某些语言形式在未达到目的语状态时便停止下来，同时某些语言偏误已作为一种习惯形式固定下来，进一步的学习也无法改变。例如，某一个或几个音总也发不好，某一个或几个语法项目除非不说，一说就出错。

中介语产生的根源：

塞林格（Selinker）指出，学习者在中介语构建过程中主要使用了以下几种手段，也即是中介语产生的几个根源：

其一，语言迁移是指在第二语言或外语学习过程中，学习者由于不熟悉目的语的规则而自觉不自觉地运用母语的规则来处理目的语信息的一种现象。利用母语知识可能导致语言偏误，即所谓负迁移，也可能导致说出正确的目的语句子，即所谓的正迁移。不过对于后者如果不了解说话人的母语，也就根本发现不了这种迁移。事实上，正迁移同负迁移一样值得研究，因为它同样能够告诉我们语言迁移是在什么时候和什么情况下可能发生。当然，负迁移才是造成中介语的原因。

其二，目的语规则的泛化是指学习者把某些目的语规则当成普遍性的规则来使用，即过度类推造成语言偏误。初学者的语言偏误多是由母语干扰造成的，因为母语是唯一的“靠山”，对于中等以上的学习者来说，他们的语言偏误多是由目的语规则的泛化造成的，因为此时学习者总是愿意把已经学过的目的语知识和规则同当前学习的内容联系起来，这应该是正常合理的，但也往往由于过度使用某些知识和规则而造成语言偏误。

其三，训练迁移是指由于教学不当、训练不当或采用有错误的学习材料而造成的语言偏误。具体来说，教师讲解不清楚、解释错了、示范有误导、对句型使用条件阐述不充分等，都可能使学习者出现语言偏误。

其四，学习策略是指学习者学习和掌握单词、语法规则和其他语言项目的含义和用法的方法，是学习者输入语言及其语言知识发展过程的一个重要标志。迁移、泛化、简化等都是学习者常用的学习策略。简化策略主要体现为“减少羡余”，即减少对意思的表达显得多余重复的语言成分。简化的另一种情况是学习者通过过度概括一些语言现象而得到一条规则，然后用这条规则去创造语句表达新的意思。实际上，泛化和迁移都是把已有的语言知识运用于第二语言学习的策略，都可以视为简化策略。简化有助于发展目的语体系，它反映了学习者建立和检验假设的过程。迁移、泛化和简化三种学习策略相互联系又互有区别，使用这些策略造成的语言偏误事实上是很难明确区别开来的，偏误有时可能是三者同时作用和相互强化的结果。

其五，交际策略是指学习者在表达意思时所用的方法。由于所要表达的内容超出了学习者现有的目的语的语言知识和技能，于是不得不使用一些语言或非语言手段进行交际，这些手段就是学习者的交际策略。交际策略的采用也是学习者中介语系统形成的原因之一。常见的交际策略包括回避和换个说法。比如，学习者对发某个音感到困难、不知道或想不起来某个单词或句型，他就可能采取回避不说、转换话题或换个说法（乃至使用一两个母语单词、加上手势和表情等非语言表达方式）来“完成交际”。交际策略的使用对中介语系统的形成同样有很大的影响，许多偏误就是因为使用交际策略造成的。

四、语言教学理论

（一）学科性质理论

此所谓学科性质理论，即关于第二语言教学性质和特点的理论。语言教学理论之所以应包括学科性质理论，是因为学科的性质和特点是认识这门学科的第一观察点，是建设这门学科的第一块基石，是这门学科与其他学科相区别的第一要素，甚至可以说学科性质理论是这门学科的第一理论。进一步说，第二语言教学的学科性质和特点是第二语言教学本质的体现，是它与其他学科的根本区别。它深刻地影响着第二语言教学的理论和实践，决定学科理论研究的方向和体系的构成，决定整个教学过程和全部教学活动所应遵循的基本原则，决定教学方法的制定和选择。可见，学科性质理论在第二语言教学学科基本理论中占有极为重要的位置，基本内容如下。

1. 对外汉语教学最根本的性质

它既是一种第二语言教学，又是一种外语教学。这一点早在 20 世纪 80 年代初吕必松就做过精辟的论述，他指出：“我们对外国人的汉语教学既是一种第二语言教学，又是一种外语教学。作为一种第二语言教学，它有别于汉语作为本族语教学，而跟其他第二语言教学有一些共同的特点和共同的规律；作为一种外语教学，它有别于对我国少数民族的汉语教学，而跟其他外语教学有一些共同的特点和共同的规律。”对外汉语教学的第二语言教学和外语教学的性质，从根本上决定了它必须遵循第二语言教学和外语教学的基本规律，从根本上区别了它与第一语言（母语）教学的不同，从根本上规定了它的教学内容和方法及研究领域和范围的基本面貌。

2. 对外汉语教学最基本的语言观

语言是人类最重要的交际工具；最基本的教学观是要把语言当作交际工具来教，而不能当作知识体系来教；最基本的目的观是培养学习者的汉语交际能力。汉语作为第二语言或外语教学的这些基本特点，直接影响到教学的全部过程及其各个环节的安排，影响到“教什么”和“怎么教”的取向，进而影响到教学效率的高低。深刻地理解和准确地把握对外汉语教学的这样一些基本特点，就能够处理好教学中的各种关系。例如，在知识传授和技能训练的关系上，就应该明确：汉语知识的传授是必要的，是技能训练的前提，不掌握汉语的语音、词汇、语法、语用等知识，不掌握汉语的结构规律、组合规律和运用规律，汉语交际能力的掌握就无从谈起。但是知识传授不是根本目的，只是为技能的训练和养成服务的——这是最终的目的，因此教学中就应注意采用各种有效的方法不断地使语言知识转化为语言技能。就对外汉语教学的现状来看，相当程度上存在的课堂教学以大量的知识讲解为主，教材编写以大量的文学作品为主的现象，都跟教师对第二语言教学的性质和特点及教学规律把握不准、理解不深刻有极大的关系。

（二）教学原则理论

1. 教学原则的基本性质

教学原则是教学工作和教学活动应当遵循的基本要求。教学工作包括教学大纲的制定、教材编写或选择、课程设置、教学方法的选择或尝试等。教学活动即教学的实施过程，包括课堂教学、活动安排、评估测试等。教学原则具有如下一些基本性质：第一，教学原则是教学实践经验的总结，是一个不断发展的概念，因此具有时代性。第二，教学原则是基于对教学过程的规律性的认识和概括，反过来又指导实践，因此具有很强的实践性。第三，教学原则的提出都有其理论基础做背景，持不同的哲学、教育学和心理学理论就可能提出不同的教学原则，因此教学原则应该体现一定的理论性。第四，教学原则不仅应体现教育的目的和教育的阶段性，而且应该体现出学科的性质和特点，因此针对性是教学原则的重要属性。第五，人们从不同角度、为了不同目的，对整个教学工作和全部教学活动所提出的“基本要求”是有各自适用范围的，而并不同在一个层面上。因此层次性是教学原则系统的重要属性。

教学原则的这些基本属性表明，人们可以也应该随着时代的进步，特别是教育理念、教育目的和手段的更新，而制定出适应时代需要的教学原则；同时教学原则的确立也应该体现某种教育理念和价值取向，具有一定的理论指导意义。教学原则的制定尤其应该体现学科的性质和特点，体现为教学目的服务的宗旨。就教学原则的体系构成来看，树立层次观念十分重要，有助于对教学原则系统的研究和制定。

2. 教学原则的层次体系

我们认为，包括第二语言教学在内的各类教学的教学原则是有层次系统的。不分层次地等量齐观就可能造成教学原则过多过泛，不区分适用范围便不能有效地发挥教学原则的指导作用。首先，根据是否受时代和教育目的的影响，把教学原则划分为常规教学原则和非常规教学原则；其次，依据适用面的宽窄及适用对象的不同，把非常规教学原则分为上位、中位和下位三类教学原则。

（1）常规教学原则，是指不受或基本不受时代和教育目的影响，或者说是多数学科、多种目的的教学都应遵守的常规性的教学原则。前面说过的教学原则具有时代性是就其总的发展趋势而言的，实际上有些教学原则是千百年来形成的、不同教育体制所普遍遵守的普遍规约，即常规教学原则。如因材施教、循序渐进、学以致用、巩固性原则、启发性原则、精讲多练原则等。

（2）非常规教学原则，是指那些时代性较强、受教育教学目的以及学科性质和特点影响较大的教学原则。其中又分为：

上位教学原则：也可以叫大原则或总原则，是整个教学工作和全部教学活动都应当遵守的教学原则，其适用范围是全局性的。如一般所说的母语和外语教学的工具性原则，以学生为中心的原则或以学生为主体、教师为主导的原则。

中位教学原则：也可以称为亚原则或分原则，是部分教学工作或部分教学活动应当进守的教学原则，其适用范围是局部性的。如课堂教学原则、课型教学原则、课程设置的原则、教材编写原则、教学评估原则等。

下位教学原则：也可以称为微原则或单原则，是某一项教学工作或某一个教学环节应当遵守的教学原则，其适用范围是单一性的。如课堂练习机会均等的原则、作业及时评改及时返还的原则、教学指令简洁明确的原则，以及课堂教学的实践意识、语用指导意识、搞活课堂的意识等。

教学原则体系的内部关系是：①类原则体现在类原则之中。类原则中“上位→中位→下位”依次是决定和被决定的关系；“下位→中位→上位”依次是体现和被体现的关系。也就是说，大原则借助于亚原则和微原则来体现，微原则是亚原则和大原则的具体化，亚原则和微原则必须贯彻和体现大原则。②原则中概括性由强到弱依次为：上位→中位→下位；针对性由强到弱依次为：下位→中位→上位。也就是说，总原则涵盖面最广，弹性最大，分原则次之，单原则又次之。理论上说，类原则的数量由少到多依次是：上位→中位→下位。

3. 对外汉语教学原则确立的依据

上面谈到的教学原则的一般性质和教学原则体系的构成框架，同样适合于对外汉语教学。它们是确立对外汉语教学的教学原则以及教学原则体系建立的基本依据。但是，制定不同层面、适用于不同对象的对外汉语教学原则，还应有更具体的要求和准则。就对外汉语教学来说，上位教学原则（总教学原则）的制定，应该在影响教学工作和教学活动全局的重大问题上（如教学的主体者、学科的性质和特点、教育教学的目的、教学路子的走向等），做出明确的规定、提出行动的指南。中位教学原则（分教学原则）的制定，应主要依据总教学原则、服务并服从总教学原则的要求；同时也要结合分教学原则所适用对象的性质和特点等因素，来制定有关教学工作或教学活动所应遵循的基本要求。下位教学原则（单教学原则）的制定，应符合并服务于总教学原则和分教学原则的要求，同时要考虑到单教学原则针对性极强，即“一事一则”的特点。

4. 对外汉语教学的总教学原则

对外汉语教学的上位教学原则，不仅指导整个教学工作和全部教学活动，而且指导中位和下位教学原则的制定，对教学实践有着广泛而深刻地影响。由于上位教学原则指导性强、影响面大，因此不仅成为教学原则理论中最具实用价值的核心内容，就是在语言教学理论中乃至学科基本理论体系中都占有特殊而重要的位置。根据上面的论述，结合前面的研究和教学的实际需要，我们把现阶段对外汉语教学的上位教学原则，即具有教学法意义上的总教学原则确立为：原则一，以学生为中心的原则；原则二，以交际能力的培养为核心的原则；原则三，以结构、功能、文化相结合为框架的原则。这几条原则并不是我们的发明，我们只是把它们提升为总教学原则并在某些方面（如原则一）的提法和强调的重点与以往有所不同而已。其中，原则一体现了在教学的核心关系——师生关系及“教”和“学”关系上的重心取向；原则二体现了学科的根本性质和特点；原则三体现了在学科发展方向上的理论追求。

（三）教学法理论

1. 教学法的含义

第二语言教学中的“教学法”一词，大致有四种不同的含义：其一，指整个第二语言教学学科的理论和实践，成为学科的代名词，如外语教学法、英语教学法；其二，指某种教学法流派，如听说法、功能法；其三，指教学过程中使用的具体方式和方法，如语言点讲解中使用的归纳法和演绎法；其四，有人也用来指一般所说的课堂教学技巧，如调动学生的技巧、板书的技巧等。我们这里所说的对外汉语教学学科基本理论中语言教学理论里的“教学法理论”，是指第二层和第三层含义，即教学法流派和教学中使用的具体教学方法。因为，“教学法”的第一层含义是第二语言教学的理论和实践的总称，即整个学科的理论体系，显然不是这里所要讨论和所能讨论的。第四层含义上的教学法属于我们所说的学科应用理论研究的内容，而不在学科基本理论的范围内。实际上第二和第三层含义上的教学法，都具有理论和实践的双重性质，但比教学技巧之类等理论性要强得多。

2. 教学法流派研究

教学法流派研究，主要指对国外第二语言和外语教学法流派（如语法翻译法、直接法、视听法、自觉实践法、交际法等）的研究。包括系统地介绍、分析和评价各主要教学法流派的历史背景、理论基础、基本原则、教学过程、典型教材等，总结教学法流派形成的规律和发展趋势，吸收和借鉴其合理成分，从而丰富和完善对外汉语教学的学科理论，促进教学效率的提高。这对发展和建设中的对外汉语教学学科来说是必不可少的重要一环。因此我们把对教学法流派的研究归入学科基本理论的范围内。事实上，我国对外汉语教学界和外语教学界始终十分重视对国外教学法流派的理论研究，并结合实际不断吸取营养。

我们认为，对国外教学法流派的研究应把握两条基本原则：第一，研究国外教学法流派的着眼点不在于寻找最佳流派，因为每一种流派在第二语言教学的发展历史中都做出过应有的贡献，都有其合理和可取之处，也都有其不足和缺陷。因此没有哪一种教学法流派是完美无缺的，也没有哪一种流派是毫无可取之处的。因而追求最佳教学法的做法是不现实的，也是不可取的。研究国外教学法流派的目的在于吸收和借鉴，在于总结第二语言教学法发展的动因和发展趋势，根本目的在于为确立符合汉语教学实际的教学原则理论乃至教学法服务。第二，国外各种教学法理论和流派，都是建立在与汉语语言类型有较大差别的语言教学基础上的，并且文化传统和教育传统都与我国有很大的差别。因此在研究和借鉴国外教学法理论和流派的过程中要特别避免有意和无意的照搬和套用，而要特别注意结合汉语的特点和中国的文化传统和教育传统来加以吸收和利用。

3. 教学方法研究

这里所说的教学方法，主要指在课堂教学和教材编写过程中，处理语言知识传授和语言技能训练以及处理语言知识转化为语言技能的具体方式和方法。比如，如何讲解词语，怎样引出语法点，用什么样的方式方法训练听、说、读、写各项技能，课堂教学和教材编写中如何把结构、功能和文化结合起来，不同课型传授语言知识和进行技能训练的方式、方法有什么特点等。研究课堂教学的具体方式、方法并上升到理论的高度，无疑将有效地促进教学质量的提高。任何一种第二语言教学、任何一堂课的教学，都体现一定的教学原则和使用着某种具体的教学方法，不管教师是否明确意识到这一点。所用的具体教学方式和方法是否符合第二语言教学规律和教学原则、是否符合具体课型的特点，直接影响教学效果的好坏和教学效率的高低。因此，要在第二语言教学原则的指导下，加强对教学方法的研究，特别是加强对课堂教学的调查研究，不断总结经验并加以理论化。这种具体的教学方法与教学原则有如下主要区别：第一，教学原则的制定必须以语言教学规律为依据，而不能由任何个人加以创造，教学方法则可以在教学原则的指导下根据教学对象和教学内容的特点加以创造，即教学方法具有可创造性；第二，教学原则对同一类教学对象和同一种教学类型有普遍地适用性，而教学方法可以有较大的选择性，也就是说，在同样的教学原则指导下，可以采用不同的教学方法；第三，教学原则贯穿于整个教学过程和全部的教学实践活动中，而教学方法则主要体现在教材和课堂教学中。

（四）中国传统教学观

中国的对外汉语教学是在中国的传统文化和传统的教育思想的土壤上进行的，中国教师有着浓厚的中华文化底蕴和传统的教育观念。这样一种文化背景和教育观念，深刻地影响着教师的教学工作和整个教学活动的进行，而我们的教学对象是以与中国的文化传统和教育观念很不相同的文化传统和教育观念为背景的。这样一种客观现实要求我们必须结合教学对象的特点来研究中国的传统教育思想、教育理念、教学原则和教学方法，以便把握哪些适应、哪些不适应教学对象的特点。尤其要研究那些不适合国外教学对象的观念、要求和做法，并从中做出取舍和调整。对那些国外学生不了解不适应而又确定有必要保留和有必要让国外学习者了解、理解的因素应视时加以介绍和解释。这样既可以克服由于教育观念等的不同所造成的学习障碍，又能够在我们的教学理论中吸收中国传统教育思想的合理成分。

(1) 中国传统教育的教学观认为，教在前、学在后，教为主、学为次。这种教学观更多地重视教的一面，强调发挥教师的主导作用，而对学的一面则往往重视得不够，忽视了学生的学习能动性。同样道理，持这种文化心理的人，是不会提出“以学生为中心”的口号的。这就要求我们的教师在教学中要尽量克服“以自我为主、以自我为尊”“以教为重、以讲为主”的观念和心理，而要更有意识地调动和发挥学习者的积极性。

(2) 中国传统教育中的学习观认为，读书学习是重要的、高尚的，但读书学习绝不是一件轻松的事，必须要吃苦。所以才有“头悬梁，锥刺股”的故事，才有“书山有路勤为径，学海无涯苦作舟”的古训，才有“苦功夫”“寒窗苦”“苦读书”“苦学生”之类的词语，具有这种文化心理的民族是不可能创造出躺在椅子上，听着音乐，舒舒服服学习外语的教学法的。这样一种学习观，必然对学生要求严格，讲究“冬练三九，夏练三伏”，讲究“严师出高徒”；也就必然会要求学生预习、复习、朗诵、背诵；也就必然不会注意研究教的方法和学的方法等。这些观念中有的不仅不是错的，也许恰好是中国传统教育观念和学习观念及其方法中值得吸收和借鉴的，特别是对于语言学习而言，如朗读和背诵。因此，关键是要站在“对外”汉语教学、站在文化传统和教育传统与我国有着很大差异的“外国”学习者的立场上，来研究和审视我们的教育理念和方法，并在教学中加以必要的调适，向学生做出必要的解释。

五、跨文化教学理论

（一）文化教学的地位

对外汉语教学本质上说，既是一种第二语言教学，也是外语教学。而第二语言教学和外教学都属于跨文化教学，主要体现为教学内容——目的语本身以及与语言交际相关的文化，对于学习者来说都属于另类文化；学习者学习目的语的过程实质上是跨越自己的母语文化学习另类文化的过程；教师教授目的语的过程也是教授给学习者另类文化的过程。因此，对外汉语教学是一种跨文化的教学，学习者无论是当前还是未来，只要是以目的语为工具进行交际，就是一种跨文化的交际活动。了解和掌握目的语所赖以生存的文化，进而形成文化适应能力是目的语交际能力的重要组成部分及其体现。跨文化交际，一般指具有不同文化背景的人们所进行的交际行为。20 世纪 70 年代以后，对跨文化交际的研究愈加受到外语教学界的重视，也取得了一些共识性的认识。例如，（1）文化无所不在，无所不包，但又往往是不自觉的，即对于多数人来说，诸如价值观念、信念和信仰、风俗习惯、行为模式等都是不自觉的，或者说是理所当然的。（2）文化既有统一性和延续性的一面，又有差异性和变异性的一面。任何民族都有自己统一的文化，这种文化具有延续性；但随着时间的推移，文化又发生了某些变化，使得不同地区、不同社会阶层，乃至同一地区、同一社会阶层以及个人之间的文化又有差异性。因此，在介绍文化习俗时要注意避免过于笼统，否则就会失去准确性。（3）由于文化是不自觉的，因此在接触另一种文化时，人们往往以自己的文化为出发点做出判断。由于自己文化“先入为主”，因而对另一种文化就会感到不适应，甚至出现“文化休克”。

所以，研究跨文化交际，特别是跨文化语言交际的理论和实践，是对外汉语教学学科理论研究的重要内容和学科理论的重要组成部分。研究的目的是指导对外汉语教学实践，研究的重点是揭示跨文化交际的特征，特别是跨文化交际中的文化差异和文化冲突，进而提高学习者对文化差异的敏感性，增强他们对目的语文化的适应能力。总之，无论是从跨文化交际的角度，还是从第二语言教学本身来看，研究语言教学中的文化问题都应该成为学科理论研究的重要内容，这是由第二语言教学所具有的跨文化性决定的。文化教学在第二语言教学中是必不可少的，而不是可有可无的，但是从根本上说，文化教学在第二语言教学中是属于第二位的，是为语言教学服务的。

（二）文化教学的内容

“文化”是一个内涵非常丰富的概念，显然并不是其中所有的文化内涵都必然是第二语言和外语教学的教学内容。语言教学和文化教学在教学目的、教学内容、教学原则和教学方法等方面都有着本质的区别。作为第二语言和外语教学必不可少的文化教学内容，是指语言教学本身所不应和不能脱离的文化因素的教学。所说的文化因素，是指对目的语的理解和用目的语表达密切相关的文化因素，主要是隐含在目的语的结构系统和表达系统中反映该民族的价值观念、是非取向、衣食住行、风俗习惯、审美情趣、道德规范、生活方式、思维方式等方面的特定的文化内涵。具体来说，这类文化因素体现在目的语的语汇系统、语义系统、语法系统和语用系统中，它们对语言的理解和运用有着重要的甚至是不可或缺的规约作用。因此，在第二语言教学过程中，如果不同时揭示语言中所包含的这类文化因素，就无法理解这种语言，更无法正确地使用这种语言进行交际。而这类隐含在语言的结构和表达系统中的文化因素，外族人无法知晓，本族人又习焉不察，因此往往造成文化上的冲突和交际上的障碍。只有从跨文化教学的角度对不同民族的语言及其语言交际进行系统性的对比，才可能揭示出包含在语言中的这些文化差异。这就决定了进行第二语言教学的同时必须连带进行与之相关的文化因素的教学，而对这类文化因素的研究自然也就成为学科理论研究的内容之一。这就是说，第二语言教学中文化教学和研究的内容主要是与语言本身和语言交际相关的所谓交际文化，而与语言本身及其语言交际不是直接相关的。所谓知识文化（如国情文化、社会历史、思想观念，以及文学、艺术等广义的文化）则不是第二语言教学和研究所不可或缺的。前者只有在目的语教学的同时加以揭示才能获得，后者则可以通过目的语去获得；前者对学习者来说是雪中送炭，后者对学习者来说是锦上添花。

（三）文化教学的原则

文化教学在第二语言教学中是重要的、必需的，但不是无限制的、无原则的。概括地说，文化教学的根本原则是：语言教学的同时必须教授的是所谓的交际文化；知识文化的教学则要根据学习者的需求和具体的培养目标来决定。即使是交际文化因素的教学也还要考虑到：（1）与语言教学的阶段性相适应，即文化因素教学的适时性；（2）与文化教学的服务性相适应，即文化因素教学的适度性；（3）与学习者的真正需要相适应，即文化因素教学的针对性；（4）从跨文化交际的角度看，文化教学中教师还要注意引导学习者增强对文化差异的敏感性和宽容性。前者要求学习者不要以为自己的文化规范是他人都接受了的文化规范，后者要求学习者不要用自己的文化规范去评判其他文化的“是非优劣”。事实上，教师自己也要增强对学习者的本族文化与目的语文化差异之处的敏感性和宽容性，即教师不要以为目的语文化都是学习者知道和接受了的文化，同样也不要用目的语的文化规范去衡量学习者所持文化的“对错好坏”。跨文化教学要求师生双方既应注意文化的差异，又要注意对文化差异的相互尊重、相互理解、相互包容和相互适应。否则，教师教不好语言，学习者也学不好语言。

第四节 有关语言教育研究的几个问题

一、关于语言教育

“语言教育”并不是一个陌生的概念，尽管《中国大百科全书·语言文字》《中国大百科全书·教育》《辞海》等权威性工具书中尚未收录这一词条，但是这一提法是能够为人们所理解和接受的。不仅如此，在现实语文生活中，特别是在国内多种门类的语言教学活动中，“语言教育”的提法还有着重要的现实意义和学术价值。一方面，目前整个国民的语言素养、语言文字能力还不尽如人意，而国民的语言素养、语言文字能力对国家和民族的发展是十分重要的。因此语言工作者有责任呼吁加强国民的语言教育，使语言教育成为国民教育的基础和重要组成部分。另一方面，我国不同门类的语言教育虽然历史地看都有不同程度的发展，但普遍存在效率不高的问题，难以与不断增长的语言人才市场需求相适应。在此情况下，用“语言教育”这一比语言教学内涵更为丰富的概念来统称国内各门类的语言教育和教学，包括母语教学、外语教学、双语教学和对外汉语教学等，并在语言教育的“旗帜”下开展对比和综合性研究，解决第一语言教学和第二语言教学所共同面临的问题或各自特有的问题是很有意义的。因此，把“语言教育”作为一个专门的术语提出来，并赋予其特定的含义是很有必要的。就对外汉语教学来说，可以从语言教育这一角度思考和完善学科建设的层次，发展和规划对外汉语各类学历教育及其课程设置，拓宽我们的教育和教学观念。另一方面，可以从语言教育这一角度来开展与其他门类的语言教育教学的对比研究，相互借鉴，吸取营养，加快学科理论建设的步伐。

但是，从目前有关语言教育的研究来看，一些学者似乎更多地把注意力放在建立“语言教育学”，以及论证用“对外汉语教育（学）”来代替“对外汉语教学”上面。对于前者也许是很有价值的努力，能建立起“语言教育学”也是许多语言教育和语文教学工作者的良好愿望，特别是着眼于整个国民的语言素质教育来看。但是，要从理论和实践上证明确有必要用“对外汉语教育（学）”来代替“对外汉语教学”，或是论证对外汉语教学不宜再归入应用语言学中，而应以“对外汉语教育（学）”的身份归入“语言教育学”（实际尚未建立起来）并最终归入教育学，那么实现这样的目标，路途将是十分艰难的。而且这样的目标至少从一开始不可能得到绝大多数语言学和对外汉语教学工作者的完全理解和认同，也与提出“语言教育”这一概念的初始目的不完全一致。

我们赞成“语言教育”的提法，但更赞成在这一概念下，把主要精力放在就不同门类语言教育教学的目的、内容、手段、方法、要求、环境、教学传统和理论基础，以及教学对象的学习动机、学习策略、认知规律、文化背景、文化态度等，进行单一的或多方的对比研究，在异同对比中找出各门类语言教育教学的共性和个性，更全面、深刻地认识各门类语言教育教学的性质、特点和规律，并在互相启发和借鉴中共同提高教学效率。我们也只是在这样一个总体目标下赞成“语言教育”的提法。事实上，只要我们有这样一个明确的目的，在“语言教学”这个概念下进行两个或多个门类语言教学的对比研究同样也是可以的。总之，多门类语言教育研究的根本目的是求同寻异。求同就是探讨共性，探求普遍性规律；寻异就是探讨个性，寻求不同门类语言教学的特有规律，以使教学更有针对性。语言教育研究的方法主要是对比，否则很可能还是各谈各的。而目的不明确或不突出，方法不得当，就不可能取得理想的效果。

关于“教育与教学”“语言教育与语言教学”“对外汉语教育与对外汉语教学”之间的联系与区别的讨论是很有意义的。但讨论的目的应立足于深化对外汉语教学的学科研究和理论建设，并应结合对外汉语教学的学科性质，结合对外汉语学历教育的培养目标及其课程设置等，而不应把对比研究的目的有意无意地定位在试图用一种概念或说法代替另一种概念或说法上，否则就可能从一个极端走向另一个极端，从而无助于学科的发展。

我们认为，就对外汉语教学这种第二语言教学或外语教学来说，在许多情况下“教育”和“教学”所指的内容并没有太多本质上的区别，它们之间的关系只能说是大同小异。说“教学”不能完全包括“教育”的内容，例如，最好说“学历教育”不说“学历教学”。但同样也可以说“教育”不能完全替代“教学”，比如“课堂教学”就不能说成“课堂教育”，“第二语言教学”也不能说成“第二语言教育”，“汉语教学”（作为第二语言）不宜说成“汉语教育”，“教学方法”也不能说成“教育方法”等。同样，无论是说“语言教育”还是说“语言教学”，其中核心的内容仍然是语言教学，也即语言知识的传授和语言技能培训。这是由第二语言教学的根本目的和学科性质决定的，也是由教学对象的特点和需求决定的。实际上，对外汉语教学中所说的“教育”自然包括“教学”的内容，反之亦然，差别只是侧重点不同而已。因此，教育和教学、语言教育和语言教学、对外汉语教育和对外汉语教学这些互相对应的概念在对外汉语教学研究中可以同时并存，可谓合则兼美；试图用一个概念取代另一个概念既不可能也不合适，可谓分则两伤。

关于建立独立的“语言教育学”学科，据报道已成为不少学者的共识。学者们从我国语言教育的现状和长远利益出发，论述了建立独立于语言学和应用语言学的新型学科“语言教育学”的必要性，并从宏观上进行了思考。对此我们同样认为这是可以探讨的，这样一种远大的目标也是令人鼓舞的。但是，“语言教育”能否成为一个独立的学科不完全取决于建立这样一个学科的意义有多么重要，更不取决于是否把它认定为一个学科；而取决于它是否有自己独立的教学目标和教学内容，取决于它能否有自己的教学理论以及按这一理论组织起来的学科知识体系，取决于这一理论体系在整个教育体系中与相关学科的关系是否谐调，还应取决于它的学科性质是否明确。由此看来，要建立语言教育学科首先要解决许多问题，同时还会遇到许多问题。

首先，不同门类的语言教学虽然都属于语言教育的大范畴，但各门类语言教学的具体目标却不尽相同。比如，对中小学生的母语教学与对外国人的汉语教学目的是很不一样的；前者重在读、写能力的培养，后者则是听、说、读、写全面要求，但一般以听、说领先。因为前者已经掌握了汉语（特别是口语），后者正在习得汉语。所以对于前者主要是语言教育，重在语言文字运用能力的提高和整体语言奉养的增强；对于后者主要是语言教学，重在语言知识和技能的传授。从教学内容上看，不仅不同门类的语言教学的目的语不尽相同，就是相同的目的语其教学内容也不会完全相同，例如，对国内不同少数民族的汉语教学与对不同外国人的汉语教学的内容，特别是教学的侧重点应该是有所不同的，因为教学内容及其侧重点应由与学生母语的对比来决定。此外，从教学对象上看，不同门类的语言教学对象其差异更是明显：有国别、母语、民族、年龄、知识结构、文化背景、目的语、语言环境等方面的差别；也有学习目的、学习动机、学习方法、学习过程等方面的差异，甚至在教学要求、教学方法、评测内容和标准等方面也存在着许多差别。当然，不同门类的语言教学在上述诸多方面的差别究竟何在、达到什么程度，它们之间的共性有多少、是哪些、达到什么程度，都需要深入地研究，这也正是“语言教育”所应研究的主要内容。

至于“语言教育”能否有自己的理论体系，这一理论体系究竟是什么样子的，跟周边学科的关系如何，目前尚无定论。不过已有学者在这方面进行了开拓性的研究。如刘珣《语言教育是一门重要的独立学科》指出：“语言教育学科体系应当包括理论基础、学科理论和教学实践三大部分。理论基础指与本学科关系最密切、为本学科提供理论养料的一些基础学科，特别是语言学、心理学、教育学和跨文化交际学。”学科理论包括基础理论和应用理论，这是本学科自己的理论体系，是本学科之所以独立存在的主要标志。其中，基础理论通常由目的语的教学语言体系（以教学语法体系为中心）、目的语的习得理论、目的语的教学理论和本学科的研究方法学所组成。应用理论则是指运用本学科的基础理论对总体设计、教材编写、课堂教学、测试评估、教学管理及师资培养等方面所进行的应用研究，它是学科理论与教学实践两大部分之间的中介。教学实践，既是对学习者的教学，也指对未来教师的培养两个方面。这为我们描绘了语言教育学科体系的基本框架，为进一步研究提供了很好的参考和借鉴。显然这是一种“应然性”（即应该是个什么样子的）的宏观构想，要把它完善起来成为一个“实然性”（即实际是个什么样子的）的体系，特别是结合母语教学、外语教学、双语教学和对外汉语教学等不同门类的语言教学来考虑的话，还应做更进一步的详细论证。此外，“语言教育”能否成为一个独立的学科还要看它的学科性质是否明确。由于构想中的语言教育学至少涵盖了第一语言和第二语言两种性质不同的语言教学，这就使得它本身的学科性质变得不够明确。说某种语言教学是母语教学或外语教学，其性质是明确的。但是，“语言教育学”的学科属性就比较模糊。

总体来说，由于“语言教育”包容的范围相当广泛，涉及不同门类、不同性质的多种语言教学，要想在语言教育研究的基础上建立起一门新型的学科自然不会是一件很轻松的事。尽管如此，我们对建立语言教育学科这样一种学术追求仍持积极的态度。不过“语言教育”能否真正成为一门学科，除了取决于上面所说的一些条件外，从根本上说取决于在“语言教育”这一主题下进行不同门类语言教育教学的对比研究和综合研究所取得的成果如何。因此，应该集中力量进行全方位、多层次、多角度的对比研究，探求语言教育的共性和不同门类语言教学的个性，只有在这方面的研究有了足够建立起一门“学”的成果，才有可能建立起真正的语言教育学的学科理论体系。显然，把不同门类的语言教育和教学在“语言教育”的概念下归并在一起并不就是“语言教育学”；仅仅是“应然性”的论述和宏观构想同样难以建立起“实然性”的“语言教育学”。

二、关于对外汉语教学的学科定位

上面已经提到，在有关语言教育问题的讨论中，对外汉语教学的学科定位问题成为一些学者关注的一个焦点。其基本观点是：对外汉语教学不宜归入应用语言学的范围内，而应归入语言教育学科内。其基本思路是：从讨论语言教育的范围入手，提出要建立独立于语言学和应用语言学的新型学科——语言教育学，并对这一学科的理论体系进行阐述；或者从分析语言教育和语言教学两个概念的内涵入手，进而提出把“对外汉语教学”提升为“对外汉语教育学”，并论证其必要性和可能性。与此同时，我国外语教学界的一些学者也提出外语教学的学科属性应归属于语言教育学。学科属性问题是一个非常重要的问题，因为它决定着学科的发展方向和理论建设的内容，对于发展和建设中的对外汉语教学来说尤其如此。因此值得严肃地对待和认真地讨论。下面将不赞成把对外汉语教学归入应用语言学的一些主要论点，提些不同的看法，希望能有助于对问题的深入讨论。

有学者认为：与第二语，教学相关的学科，或者说语言教育或教学所“应用”的理论绝不仅仅限于语言学，至少还有教育学和心理学，因此把作为综合学科的第二语言教学仅仅定位于其支撑理论之一的语言学是不恰当的。那么照此逻辑也可以说，把它归入也仅仅是作为支撑理论之一的教育学同样也是不恰当的。换言之，为什么定位于语言学（或同样是作为支撑理论的心理学，事实上从来没有人这样提出过）就不恰当，定位于另一个支撑理论教育学就恰当了呢？对此我们还希望能看到更详细的论述。

一些学者提出，语言教育或教学跟语言学的关系并不是直接的关系。语言学解决不了如何教和如何学的问题。并非语言学的所有理论都适用于语言教学，即使是对具体事实的描写，如语法体系等，也不能从语言学中拿来就直接“应用”于汉语教学，特别是第二语言教学。语言教育与语言学理论之间的关系，绝不仅仅是“应用”。国外也有学者指出不能把第二语言教材或教学方法放在语言学的基础上。仅仅依靠语言学理论不能为教学大纲内容的选择、安排和陈述提出一个标准。我们认为上述观点都是正确的，甚至是精辟和深刻的。但是，这些观点并不否认语言教学跟语言学之间的联系，否认的是语言教学仅仅跟语言学有联系。指出语言教学跟语言学之间不是直接的而是间接的关系，并不能证明语言教学（应用语言学）不该归入语言学，实际上语言教学跟教育学、心理学等其他学科的关系更是间接的。正是因为语言学不能解决教和学的问题，以及不是所有的语言学理论都适用于语言教学，等，因而才有跨学科的应用语言学产生的必要。正是因为有了教育学、心理学和语言学等的共同参与，才可能把诸如教材和教学大纲等方面的问题解决得更好，但这既不能说明语言学跟语言教学没有联系，也不能说明把语言教学归入语言学是一个历史性的错误。实际上，不仅语言学解决不了语言教学的所有问题，单独任何一门学科也都不能解决语言教学的所有问题，语言学不光解决不了语言教学的所有问题，连它自身的问题光靠它自己也解决不了，还要靠哲学、社会学、人类学、心理学等的支持。因此，一方面承认第二语言教学是一门独立的学科，另一方面又要求这个学科的所有问题都应由语言学来解决，如果不能都解决，那么第二语言教学这门学科就不能归属于语言学，这是很不合逻辑要求的。同时，这样一种要求过于“高看”了语言学，又过于“贬低”了第二语言教学。退一步讲，如果语言学能解决语言教学的所有问题，那么“语言教学或语言教育”还有没有必要成为一门学科也就值得考虑了。

国内外都有学者认为：“应用语言学”这一名称过于笼统，不能明确表示出语言教育科学的内容，把对外汉语教学和外语教学等第二语言教学归属于应用语言学容易引起误解，以为是语言学理论在第二语言教学中的应用。实际上“应用学科有其自身的研究领域和理论体系”“它不仅是‘理论的应用’，而且是一种‘能应用的理论’”。上述观点都是正确的，我们完全同意。但是，概念的“笼统”和“容易引起误解”能不能成为语言教学脱离应用语言学范畴的一个理由值得商量。它是修正、丰富和发展应用语言学的内涵，从而让包括第二语言教学在内的语言教学仍停留在应用语言学的范围内，还是索性把语言教学独立出来称作语言教育学？理论上说这两种选择都应该是可以的，但是可能有一个哪种选择更好些的问题。对此我们倾向于选择前者。这是因为，应用语言学发展到今天，早期的那种应用语言学（狭义的）就是把语言学的知识和理论应用于语言教学中的理解在国内外都已经不占主流，多数人认为这一解释是不够准确的，而认为应用语言学（第二语言教学）不仅限于把语言学理论用于教学实践，其理论基础和研究方法还取自教育学、心理学、社会学乃至文化学等多门学科。并且承认应用语言学有它自己的研究领域和理论体系，有“自己的特殊规律需要揭示”。因此，“笼统”和“容易引起误解”并没有对应用语言学的研究和理解造成实质的影响。

有学者指出，在应用语言学和语言教学之间画上等号，把应用语言学的范围缩小到如此地步，对应用语言学来说也欠公允。如果说早期语言学主要还是应用于语言教学，因此把语言教学划入语言学的范畴还可以理解和接受的话，今天已有大量的语言学的边缘学科涌现，这些学科在应用语言学理论方面要比语言教育学科直接得多，现在再把语言教育作为应用语言学的同义语，更缺乏理据。但是，一般认为，语言教学只跟狭义的应用语言学画等号，而广义的应用语言学是泛指研究语言在各个领域中实际应用的学科。并且认定狭义的应用语言学专指语言教学，尤其是指第二语言教学或外语教学；其他跟语言学有关的边缘学科不管与语言学关系密切还是疏远，都算作广义的应用语言学范围之内。从这个意义上看并没有缩小应用语言学的范围，只能说明语言教学在应用语言学中的特殊地位而已，一定程度上正好说明没有必要把语言教学从应用语言学中分离出去。

有学者认为对外汉语教学已发展成为一个专门的学科，其交叉性、边缘性和综合性已不能为“应用语言学”所包含。另外，为适应包括华文教育在内的世界汉语教学在21世纪的发展，并逐步跟国际汉语教学接轨，把对外汉语教学定位在“语言教育”比“语言教学”更具有概括性和前瞻性。另有学者从中小学教材教法和课程改革的角度，也认为称“教育”是必要的，“教育”包含了情感、文化等因素。当今的应用语言学（狭义）早已不限于语言学理论的支持，已发展为从单学科理论支持到多学科理论支持。教育学、心理学，乃至社会学、文化学和认知科学等学科的理论和方法都已成为应用语言学的理论基础，实际上应用语言学的多科性、多样性和开放性已成为当今语言学界和第二语教学界多数人的共识。因此不但在现在，就是对外汉语教学进一步发展的将来，仍然可以将对外汉语教学包含在应用语言学的范围内。换言之，第二语言教学理论的发展和所“应用”到的学科的拓宽是一种“水涨船高”的关系。因此，我们要更新观念，用发展的眼光来看待应用语言学。有学者从更高的角度、更广的范围来考虑对外汉语教学与“华文教育”“国际汉学”接轨的问题，主张把对外汉语教学定位在“语言教育”上。“与国际汉学接轨”是否是对外汉语教学应该和能够做得到的还值得再思考，而且我们还担心这种提法很可能导致对外汉语教学的“文化”化，从而不利于对外汉语教学的健康发展。至于说“教育”包含了情感和文化等因素，但“教学”也同样包含这样的内容，而且更为自然，“教育”则有强加于人的味道，特别是“对外”而言。

建立语言教育学和把对外汉语教学改称对外汉语教育（学），这是我国学者近年来提出的。对于前者是否可行，我们对此持积极态度，并认为只有通过对多种门类的语言教育和教学的对比研究及其取得的成果如何来定。对于后者我们持更为谨慎的态度。此外，“语言教育学”能够建立起来的话也还有个学科定位的问题要考虑。“语言教育学”能否跟语言学、教育学一样成为一级学科，这种可能性不是没有，但绝非是一朝一夕的事；定位于二级学科似乎只能归在教育学里，把包括对外汉语教学在内的第二语言教学归在教育学里是否妥当，是否有利于对外汉语教学的学科建设和发展尤其需要慎重考虑。另据盛炎先生指出，国外学者命名第二语言教学理论主要有以下几种：（1）教育语言学；（2）外语教育；（3）外语教学；（4）第二语言教学理论与实践；（5）第二语言教学科学；（6）语言学习与教授原理；（7）应用语言学，其中以“应用语言学”的名称使用最为普遍。值得注意的是，这 7 种名称中没有“语言教育学”的说法。

相反，把对外汉语教学看成是应用语言学的一个分支归在应用语言学里，不仅上下位学科关系顺理，也与国内外应用语言学（第二语教学）发展的总趋势相符。

桂诗春《20 世纪应用语言学评述》指出：国际应用语言学协会（Association International de Linguistique Applique，AILA）自 1964 年成立以来，应用语言学蓬勃发展，体现在：（1）每三年一次国际大会，已开了 12 届，规模越来越大。1999 年在东京召开的 AILA´99 更是盛况空前，除全会的几次发言和总结外，有 33 个主题发言，宣读论文 909 篇，组织专题讨论 105 次。目前绝大多数国家都成立了本国的应用语言学协会。（2）西方各大学纷纷成立有关学科点（应用语言学、教育语言学等），培养了大批应用语言学的硕士、博士。我国 1981 年第一批学科目录中亦设立了“语言学与应用语言学”专业，现已有博士点 3 个，硕士点 6 个。（3）出版了很多关于应用语言学或外语教学的杂志，如：*ELT*，*Language Learning*，*IRAL*（*International Review of Applied Linguistics*），*Applied Linguistics*，*International Review of Applied Linguistics in Language Teaching*，*Applied Psycholinguistics*，等等。（4）各出版社如 CUP，OUP，Longman，Pergamon，Multilingual Matters 等纷纷出版关于应用语言学或外语教学的丛书。我国有关出版社也出版了多套应用语言学丛书。最近上海外语教育出版社引进了牛津大学应用语言学丛书的 19 种，北京外语教学与研究出版社组织引进一套“当代国外语言学与应用语言学文库”

(50种，各书均附有导读)。桂先生指出，“所有这些发展都预示着应用语言学将以矫健的步伐迈入21世纪。”应用语言学正是研究各种英语教学对策的学科，具有无限的生命力。在21世纪里，应用语言学进一步走向成熟。结合实际将会促使应用语言学研究向纵深发展，保证应用语言学有广阔的发展前景。吴一安在第二次全国语言教育问题座谈会上表示：把语言学研究成果应用于语言教学将在亚洲地区蓬勃发展。语言教学归属应用语言学科是合理的、科学的，这也符合国际上语言教学学科的传统。

我国语言学界近年来的应用语言学研究也获得了空前的发展。1990、1992、1994、1999年均召开应用语言学学术讨论会。在1999年第四次应用语言学学术讨论会上，林焘明确指出：应用语言学是中国语言学发展的动力。它在今后的发展可能会集中在两个方面，其一是计算语言学，其二是对外汉语教学。许嘉璐指出：“我国的应用语言学起步较晚，加上历史的和社会的原因，一直在蹒跚地行进。但是在20世纪末，似乎有了转机。”许先生举了一些事例来说明近年的变化，其中之一是说学位目录把应用语言学列进中国语言学领域，这意味着我国有关部门认可了中国的应用语言学不仅仅限于第二语言教学，其主要的部分包括了中文信息处理、一般语言教学和语言社会应用研究。这一举措是符合语言学自身规律的，是为培养应用语言学的高级人才提供的前所未有的条件。许先生预测，21世纪前半叶将是中国应用语言学成熟并且腾飞的时代。陈章太也认为，“我国应用语言学正处于逐渐成熟和蓬勃发展阶段，表现出无限生命力。完全可以预料，今后一个时期还会有更快、更大的发展。”他同时指出，“应用语言学是语言学的重要组成部分。它同本体语言学、普通语言学一起，共同组成完整的语言科学。”事实上，迄今为止我国语言学界的绝大多数学者也都主张把语言教学归入应用语言学范围内。

在国内外应用语言学正以“矫健的步伐迈入21世纪”、即将迎来“大发展和腾飞”的前夕，在绝大多数语言学和语言教学工作者仍主张把包括对外汉语教学在内的语言教学归入应用语言学的情况下，试图把包括对外汉语教学在内的第二语言教学从“具有无限生命力”的应用语言学中分离出去，显然是跟国内外应用语言学发展的总趋势不相和谐的。

第三章　语言要素及教学

第一节　语音与语音教学

语音是语言的物质外壳，学习一种语言首先要掌握这种语言的语音系统。因此，语音教学是对外汉语教学的基础。对外汉语语音教学的任务是使学生掌握汉语普通话标准的、正确的发音和普通话的语音系统，为运用汉语进行交际打下扎实的基础。

一、汉语语音的基础知识

（一）语音的性质

语音是由人的发音器官发出来的具有一定意义的声音。语音具有物理、生理和社会三种性质。

1. 语音的物理性质

语音作为一种声音具有物理性质。从物理上说，声音是由物体振动而产生的音波。语音和其他声音一样具有音高、音强、音长、音色 4 种要素。

音高指声音的高低，是由发音体振动的快慢来决定的。汉语的声调，如北京话里的 dū（督）、dú（独）、dǔ（赌）、dù（度），主要是由不同的音高构成的。音强指声音的强弱，是由声波振幅的大小决定的。振幅大，声音就强；振幅小，声音就弱。音长指声音的长短，是由发音体振动时间的长短决定的。时间长，音长就长；时间短，音长就短。音色指声音的特色，是由声波的不同形状决定的。它是每个声音的本质，所以也叫音质。音色是区别不同声音的最重要的要素。

2. 语音的生理性质

语音是由人的发音器官发出来的，因而具有生理性质。发音时发音器官状况不同，所用的方法不同，发出的声音也不同，所以我们在学习语音时也要研究发音器官的构造及其在发音中所起的作用。

3. 语音的社会性质

语言是人类最重要的交际工具，具有社会性；语音是语言的物质外壳，也具有社会性。每种语言的语音特点，是由语音的社会性质决定的，也就是由使用该语言的民众决定的，所以说语音的社会性是语音的本质属性。

（二）语音的基本概念

音素是最小的语音单位，它是从音色的角度划分出来的。例如，汉语里的 a、i、u 都是音素。一种语言的语音系统大多是由几十个不同的音素组成的。

音素分为元音和辅音两大类，元音如 a、o、e、i、u；辅音如 b、p、d、t、g、k、s、r。

（三）声母

声母指音节开头的辅音。普通话中有 21 个辅音声母，即 b、p、m、f、d、t、n、l、g、k、h、j、q、x、zh、ch、sh、r、z、c、s。

（四）韵母

韵母指音节里声母后面的部分。韵母主要由元音构成，有些韵母里除了元音之外还有辅音。普通话韵母里的辅音只有 n 和 ng 两个鼻辅音。

普通话有 38 个韵母，分为以下三类。

（1）单元音韵母，也叫单韵母。韵母是由一个元音构成的。普通话有 9 个单元音韵母。

（2）复元音韵母，也叫复韵母。韵母是由两个或三个元音构成的。普通话有 13 个复元音韵母。

（3）带鼻音韵母，也叫鼻韵母。韵母是由元音和鼻辅音构成的。普通话有 16 个鼻韵母。

（五）声调

声调指整个音节的高低升降的变化。汉语的声调可以区分意义。普通话里“山西”（shān xī）和“陕西”（shǎn xī）的不同，“主人”（zhǔ rén）和“主任”（zhǔ rèn）的不同，就是由于声调的不同。

声调包括调值和调类两个方面。

调值指声调的实际读法，也就是高低升降变化的具体形式。调值是由音高决定的，描写调值常用五度制声调表示法。

调类指声调的类别，就是把调值相同的音归纳在一起建立起来的声调的类别。例如，普通话的“去、替、废、动、恨”调值相同，都是由5度到1度，就属于同一个调类。古代汉语的声调有4个调类，古人叫作平声、上声、去声、入声，合起来叫作四声。现代汉语普通话和各方言的调类都是从古代的四声演变来的。在演变的过程中有分有合，形成非常复杂的局面。

二、语音和对外汉语教学

学习一种新的语言，在积累新的知识的过程中，总是要不断修正因自己母语的干扰而产生的错误。这个积累和修正的过程在学习词汇和语法时最为明显：不断积累，不断修正，就一定能学好。学习语音也应该是这样一个过程。但是，由于语音的结构规律比较强，在初学阶段只要比较努力，一般都可以掌握，在掌握了基本结构之后，往往就把注意力过早地转移到词汇和语法的学习，对如何纠正自己不正确的发音，不再像初学时那样重视。外国朋友学汉语，也普遍存在这种现象，久而久之，就形成了一种“洋腔洋调”。能够把汉语说得比较流畅的外国朋友确实不少，但是真正一点儿洋腔洋调也不带的似乎并不多见。我们常说学语言必须打好基础，语音就是语言的物质基础，只要发音准确流利，即使词汇量有限，掌握的语法点不多，本地人听起来也会觉得相当地道。对自己没有学过的或自知还不能熟练掌握的词汇和语法点在谈话时可以用“藏拙”的办法有意避开不用，语音可不行，只要一张嘴，哪些音没有学好，一定会立刻露出马脚，想藏拙也藏不了。一个人可以通过谈话和阅读主动扩展自己的词汇和语法点，可是很难完全靠自己纠正不正确的发音，一旦自己的洋腔洋调形成习惯，积习难改，再想纠正，就十分困难了。如何改进语音教学，使得洋腔洋调在没有形成固定习惯以前尽量减少它的影响，应该说是当前对外汉语教学亟待解决的一个问题。

除了学生自己放松了对语音的要求以外，我们的教学法和教材对如何进一步提高学生的语音能力重视不够，也是形成洋腔洋调的一个重要原因。一般的汉语教学都是在初学时先集中学习汉语语音，用最短的时间让学生掌握汉语语音的基本结构。至于应该集中多长的时间，看法并不一致，也不必强求一致。问题在于应该怎样教基本结构，在学生掌握基本结构以后是否应该有更高的要求。几十年来，我们已经习惯于只教20几个声母、30几个韵母和四个声调，只是在深浅程度和难易顺序上考虑如何改进，例如，变调应该教到什么程度？声母的学习顺序应该怎样排列？怎样能让学生更容易学会卷舌声母等。对汉语音节以上各语音层次有哪些特点，应该如何学习，就很少考虑。这种教法很容易把学生引导到只注意单个汉字的“字”音，读课文实际上不过是在读一个个汉字，忽视了活生生口语的学习和模仿，即使是高年级的学生也往往如此。从根本上说，语音学习只不过是一种模仿活动，是一种口耳训练。多听、多模仿是提高语音水平的唯一途径，不只是模仿“字”音，还要模仿整句话的轻重高低、语调模式。这种模仿训练应该贯穿整个学习过程，而不只是初学阶段的要求。

“字”音的训练实质上是声韵调的训练，是汉语语音教学的基础，在初学阶段必须集中精力把基础打好。外国人学习汉语的声母和韵母一般并不存在很大困难，其中的一些难点如声母 zh、ch、sh、r 和韵母 yu 等其实也是汉语方言区的人学习普通话的难点，汉语方言区的人发这些音也往往不准确，但是说普通话的时候绝对不会因此变成洋腔洋调。外国朋友如果这些音也发不准确，在初学阶段似乎没有必要过分苛求，如果把学习语音的有限时间过多地用在舌头翘到什么程度、嘴唇圆到什么程度才算正确，要求过高，一时又难以达到，反而容易使学生在初学阶段就丧失了学好汉语的信心，实际是得不偿失的。

洋腔洋调形成的关键并不在声母和韵母，而在声调和比声调更高的语音层次。汉语普通话的声调只有四个，比声母和韵母少得多，在语音结构中的负担自然也就重得多。如果某一个声母或韵母读不准，并不一定立刻就会被人察觉，因为另外还有 20 个声母或 30 几个韵母也不断在话语中出现，各声母或韵母的出现频率都不会很高。声调可不然，某一个声调读不准，立刻就会被人听出来，因为平均每四个音节就会出现一次这个声调。声调可以说是汉语语音结构中最敏感的成分，只要把声调读准，即使是 zh、ch、sh、r 的舌头没有翘起来，或是 yu 的嘴唇没有圆起来，听起来仍旧是相当流利的汉语。可见，在学习汉语语音基本结构阶段，声调教学比声母和韵母教学更为重要一些，但是，确实也更难一些。近 20 年来，由于科学技术的飞速发展，语音学的研究方法和研究内容都有了很大的突破，汉语语音的研究在国内外都已经取得了一些相当有价值的成果，如果能够运用这些成果改进汉语语音教学，尤其是声调和更高语音层次的教学，是有可能使汉语语音教学出现一个新面貌的。

除声调以外，对汉语轻重音和语调教学重视不够也是洋腔洋调形成的主要原因。过去这方面的研究成果少，教学上无可借鉴，想重视也无法重视。近些年汉语轻重音和语调研究都取得了相当大的进展，是应该考虑如何把这些研究成果运用到汉语语音教学中的时候了。自然，这要比改进声调教学复杂一些。下面简单介绍下国内外近年来研究轻重音的一些成果，看看对改进语音教学是否有可以参考借鉴的地方。

近年来国内外的研究都已经证明，所谓轻重音，并不只是声音强弱的分别，而是音长、音高和音强三方面因素的综合作用。哪一种因素起主导作用，各语言并不相同。普通话两音节组合在一起时，分为中重型（或称重重型）和重轻型两种，近年来国内的一些研究成果都不是靠音强来分别轻重。中重型的双音节词语如“学校、客厅、木料、儿童”主要是后音节比前音节长，而且音高略低，调域也宽一些，形成前短后长、前高后低、前窄后宽的双音节模式。这是普通话双音节组合的主要语音模式。普通话也有不少重轻型的双音节词语，如：“学生、客气、木头、儿子”等，这些词语的后音节比前音节短得多，调域也很窄，听起来显得很轻，就是一般所说的轻音音节。

洋腔洋调形成的原因很复杂，上面所举双音节词语的例子还是比较简单的一种，而且只限于汉语和英语对比，但从中可以看出一些问题，是值得我们在改进汉语语音教学时思考的。我们不能满足于初学阶段能够教会学生读准单个音节的声母、韵母和声调，还应该在更高的语音层次上多下些工夫。如何借鉴当前语音学研究的一些成果，并且在教学法和教材中体现出来，是当前改进语音教学应该着重研究的一个方面，如果在这方面有所突破，相信对外汉语语音教学一定能够前进一大步。

声调问题是汉语语音教学中老生常谈的话题。在教学中最令人头疼的问题就是学生对单字调的掌握往往还不错，但进入多音节词、特别是进入句子后，错误率就会大幅度上升。针对这种现象，有人认为，声调教学应该从语流层面入手，而不应该先教单字调。因为单字调掌握了，声调连读未必能够掌握。

这里我们不准备讨论在教学效果上先教连调和先教单字调孰优孰劣的问题，而是要简单地回顾一下汉语声调的基本性质，因为对有关基本概念的正确认识是进行学术讨论的必要起点。汉语的声调是在语素层面用来区别意义的音高手段，但这种音高不是物理学上的绝对音高，而是一种相对的音高。所谓相对音高，是指声调的高低是在同一声调音域范围内的对比中产生的。声调范畴的建立，意味着调域范畴的建立。

要尽快帮助学生建立起调域的范畴，最直接的手段当然是从单字调开始，因为只要保持相同的发音状态，单字调本身就不存在调域变化的问题，在同一调域范围内使用不同的声调进行音高对比，很容易帮助他们认识不同声调之间的音高关系。而在连字调中，不同位置上的调域范围是不同的，最简单的例子就是两字组，在朗读条件下，前字的调域比后字窄而且高。如果一开始就以连字调的形式出现，学生是很难理清这其中的复杂关系的。在单字调的训练中应该注意培养学生变换调域的能力，即在教师的引导下用不同调域发出四个声调，这与音乐中用不同的调演奏或演唱同一旋律有一定的相似，我们可以称之为“移调”练习。如果学生能够在不同的调域条件下正确地处理四个声调的音高对比关系，那就说明他们对声调的音高有了较好的理解。在对单字调有一定程度的掌握之后，可以逐渐向两字调和三字调扩展，但依然要注意加强调域和声调对比的练习，最简单的方法当然是保持其中的其他字调不变，只对一个音节进行不同声调的替换练习。

语调教学是汉语教学中最薄弱的环节，这与汉语语调研究的难度和进度有关。长期以来，我们的语调教学使用的是“陈述句是降调、疑问句是升调”的理论框架，这个框架是建立在非声调语言的基础之上的。对于非声调语言，例如英语，这样的框架用于教学，可能会起到积极的作用。但对于汉语而言，情况就要复杂一些，学生可能会提出这样的疑问：在降调句中，第一声和第二声是否要从原来的平调和升调而变为降调？在升调句中，第一声和第四声是否要从原来的平调和降调而变为升调？赵元任先生曾经举过一个很好的例子说明“升调”与“降调”的概念对学习汉语带来的妨碍：学生原本要说“这个东西我要买，你卖不卖？”，但“降调”和“升调”的语调观却使他说成了“这个东西我要卖，你买不买？”。

语调是话语层面对音高的使用。对于声调语言而言，在语句层面，音节实际上负担了两种性质的音高：即声调的音高和语调的音高，因此赵元任提出，要认识汉语的语调，就必须找到一种手段将它与声调的音高分离开，这种手段就是研究声调音域，即调域的变化。

从对汉语语调模型的理论研究中我们可以看到，语调教学应该紧密结合声调、重音等韵律特征的教学，调域范畴的建立是声调和语调教学的重中之重。教学的关键在于找到一种帮助学生建立调域概念的有效的教学手段，例如单音节层面的“移调”练习、对相同的词或短语进行强重音位置转移的训练、语调双线模型的图示、相同条件下陈述句与疑问句的比较等，毫无疑问，这将是一个艰难的探索。从应用的角度看，理论界对汉语语调的研究需要更为全面和深入，应该得到几种常用语调的基本模型以及它们的常见变体。教学界则应该关注并吸收理论界的前沿成果，探讨如何在教材和课堂中将它们以简明通俗的方式传授给学生。

（一）对外汉语语音教学的现状

对对外汉语语音教学的现状讨论得最深入的是程棠先生。程棠先生拿对外汉语教学跟国内的外语教学进行比较后，指出：“从整体上看中国学生的外语语音面貌要比外国学生的汉语语音面貌要好。”他随后分析了造成这种状况的原因，其中有许多客观原因，诸如对外汉语教学历史短、经验不足，但更重要的原因却是学生和教师方面的认识问题。程棠先生是这样说的："学生学习汉语，多数是为了学习其他专业，所以对自己的汉语水平特别是语音水平要求不高。对外汉语教师当中，也有人认为，只要学生能听懂，能表达就行了，至于语音标准不标准，无关紧要。还有的教师认为，中国人能说标准的普通话的人也不多，何况外国人。总之，一开始，无论教师还是学生，对语音教学总有一些人不重视。"

程棠先生还把对外汉语语音教学的教学原则分成两大类：音素教学和语流教学，这两种教学原则在教学实践上的差别主要反映在两个方面。一个是教学内容：音素教学只管声、韵、调，至多管到汉语备用单位（词语）内部的语音问题；语流教学则要把所有的语音内容都纳入教学内容。另一个是教学程序的安排：音素教学只在教学的开始阶段进行，据程棠的了解"一般只有两个星期"，而语流教学则要把语音教学贯穿于整个教学过程。

不难看出，语流教学的原则在总体上比音素教学更符合汉语语音系统的现实以及语音获得的规律。但是，还存在两个实际问题。其一是音素教学在教学之初安排的语音集中教学阶段，是极其重要的。不能因为后面有了长期的语流教学，而削弱一开始的语音教学的力度。其二是关注语流的语音教学究竟要教哪些内容，如何教，如何分配教学时间，如何安排教学进阶。所以，当前的语音教学实践并没有因为提倡语流教学，甚至提倡更高明的音素教学和语流教学相结合的原则，而有所加强。相反，随着交际原则的提倡，以及文化因素教学的加强，语音教学越来越被挤到极其狭小的角落里去了。

对外汉语语音教学长期处在这么一个尴尬的境地中，究其原因，除了上述程棠所指出的教师和学生不重视之外，我们还注意到，大部分教学设计者和教师感到语音教学的成本太高。所谓教学成本高，在两个方面有所显示：所花的时间和精力太多；语音教学过于枯燥，难以激发和维持学习者的学习动机和兴趣。对于这种认识，林焘先生进行了相当尖锐的批评："这些问题我在汉办也跟他们谈，现在编教材老是那老办法，语音几天就过去了。没有时间，就是神仙也没有办法。这问题不是想象得那样太枯燥，学生不想学，以这个理由不让语音多教。学生不想学，你别让他枯燥了，就看教师编教材的能力了，是不是抓住要害，是不是敢于创新。"

其实，在这里林焘先生已揭示了当前对外汉语语音教学之所以薄弱的关键。教学设计者和教师要能"抓住要害"，要能"敢于创新""善于创新"，就得懂语音学和音系学，就得懂汉语音系及其运用规律，还要懂语音认知和获得的规律。而从中国对外汉语教学学会学术讨论会和现代语音学研讨会的情况看，在对外汉语教学界中专攻语音学，特别是应用语音学的人，实在太少了。这方面的科研和教学投入也太薄弱了。

关于对外汉语语音教学现状的考察，固然可以通过教材分析、通过评课进行很细致的定性、定量分析，但是我们应该透过现象看到，根本原因还在于人才的匮乏，在于得到充分支持的理论研究和教学实验几乎没有。

（二）对外汉语语音教学的目标和任务

在任何语言中，语音系统是作为一种语言结构要素而存在的，而且它是语言的信码系统。然而，语言结构要素总是需要通过语言演算（操作）才能实现其现实价值，这样语言结构要素的演算就必然要同一些语音言语技能相联系。

在实际的语言运用过程中，语音能力总是跟其他一些语言操作糅合在一起。因此，语音编码、解码能力都是跟词汇、语法甚至语义、语用能力相互渗透、相互融合。我们常常把听、读（朗读）练习当作训练和检测语音能力的手段，毫无疑问是可行、有效的，但是在安排练习材料和试题时必须对这些综合材料中语音内容有清醒的认识，以便有效地加以控制。

对外汉语语音教学应该针对上述教学目标项目的具体内容，分析教学任务、安排教学内容、选择教学方法、设计教学过程、组织训练。但是，在当前的外语教学理论和实践中，语音教学目标的确定还存在着许多不确定因素。其中，有的是关于学习动机的，有的是关于学习能力的，有的是牵涉到年龄关键期的。排除这一类学习者个别差异方面的不确定因素以后，关于一般通用教学系统的语音教学目标的不确定因素就突显出来了——外语学习者的语音能力究竟要达到怎样的水平。

（三）对外汉语语音教学的原则与方法

外语语音教学的一个重要原则：因材施教。这是因为个别差异对于语音获得的影响明显大于其他语言项目的获得。正因为如此，桑德森（Sanderson）把成功的语言教师的标准表述为，应该对发音、语调、重音具有替觉性。

语音的另一个显著特点是，输入和输出之间的相关性迥异于语言的其他层面。人们认识到，语音教学牵涉到感知和发音两个方面。但是早期的语音教学过程倾向于把引导学生能尽快地发出新的语音作为主要任务，即使不是唯一的任务，也总是集中训练发音。他指出现代研究和实践的成果显示，对学习者施加新语音发音的压力很可能是一种误导。有一些证据告诉我们，用一个较长的阶段来聆听并辨识真实的言语样本，比起以前那种坚持模仿脱离语境的特定语音的做法，可能是一种导向语音系统的更佳方法。

在发音和感知的相关性这个问题上，语音信号处理的实践能给我们有益的启示。语音信号在通讯或交际过程中含有两种变量：不变量和参变量。所谓不变量，一般跟音系的区别性特征相对应。而参变量则更多地反映不同说话人的个人语音特征。在载讯过程中，不变量总是起着根本的辨义作用。但是，在语音合成（输出）的工程技术中，为了达到较高水平的自然度，就要合理地配置参变量。而在语音识别（输入）的技术中难点则是要从自然复杂的语音信号中准确地把不变量提取出来。同样地，在外语学习者的语音能力中，输入（听力）更多地依赖提取和辨别区别性特征（不变量），而输出（说话和朗读）则在保证区别性特征无误的前提下还要合理配置参变量。因此，虽然在言语工程学领域里语音识别技术难于语音合成技术，但在人类的语音学习过程中，听辨却往往领先于发音。根据语音获得的这种认知上的差异，在进行听辨练习时应该利用音系学的明示性知识帮助学习者有效地提取和辨识区别性特征，而在发音训练中则应更多地采用模仿、反馈、强化等手段，帮助学习者建立恰当的联结（隐含性知识）。

实际上，以上的论述中还包含着这样一个认识：发音的学习内容和学习类型跟语言其他结构层面的学习有着明显的不同。从学习类型的角度来看，发音学习实质上是一种动作技能的学习，而且是一种小肌肉的精细动作的学习。史蒂文斯（Strevens）甚至认为，语音教学比起语言教学来更像体育活动。这是一个很重要的原则。然而，我们的对外汉语教师很少能像体育教练员那样去训练学习者的发音技能。我们认为，至少在适应个别差异、控制传输信息、调节焦虑度、合理安排训练程序和训练量等方面，对外汉语教师必须按照运动生理学和运动心理学的基本原理来设计和实施教学。以往我们总是用智慧技能的教学方法来进行发音训练，自然不能取得理想的教学效果。

此外，汉语的语音教学还有一个重要的特点，就是它跟识字教学紧密地结合在一起。我们在语音测试实验中惊奇地发现，留学生在说话时语音面貌远远好于朗读。这跟中国人在接受普通话水平测试时的情况截然相反。究其原因，这是学习者在识字过程中没有建立良好的音、形联结，当然这还是教学的失误。近年来，不少学者提出“字本位”的汉语观。既然汉语存在“字”这样一个基本内存单元，那么汉字的形、音、义就是对外汉语教学要帮助学习者努力建立的一个联结。而其中的形、音联结和义、音联结，也是对外汉语语音教学的一个重要任务。

林林总总地谈了对外汉语语音教学中的若干问题，我们也清楚，只有加强科学研究、积极培养专业人才、广泛开展教学实验和教学改革，才能切实有效地提高对外汉语语音教学的质量。我们所能做的，无非是沿着林焘先生指出的方向进行了有限的思考。

第二节 词汇与词汇教学

词汇是语言的三要素之一，是语言的建筑材料，是学习掌握一种语言的重要内容。从目前一般的对外汉语教学模式看，多数课堂教学往往从词汇教学开始。要学握汉语必须学会一定数量的词语。一个学生掌握和正确运用词汇的程度是衡量其语言水平的重要标志。

《国际汉语教师标准》中明确规定，作为国际汉语教师，在词汇教学方面应具备以下能力。

（1）熟悉并掌握汉语词汇、词义的基本知识和特点，了解并准确运用描写汉语词汇、词义系统的概念和术语。

（2）了解汉语书面语词汇和口语词汇的差别和特点，掌握汉语的字词关系，并能运用这些知识组织有效的汉语词汇教学。

（3）熟悉相关大纲，能熟练使用语文工具书准备和组织汉语词汇教学。

（4）能根据学习者不同的学习目的、汉语水平，制定不同的汉语词汇教学方案。

（5）了解学习者对汉语词汇的偏误情况，熟悉主要语种学习者学习汉语词汇的难点，并提出有效的解决方案。

（6）熟悉并能运用汉语词汇教学的常用教学策略、方法和技巧。

一、汉语词汇的基础知识

（一）基本概念

1. 词

词，从词汇的角度说，可以定义为：有意义的能独立运用的最小的语言单位。如“祖国的明天更美好”，这是一个句子，它就是由“祖国”“的”“明天”“更”“美好”5个词组成的。

2. 语素

语素是最小的声音和意义的结合体，是最小的、有意义的语言单位，它和词的主要区别在于不能独立运用。以“祖国”为例，如果分开成为“祖”和“国”，各自也有一定的意义，但是不能自由运用，在一般情况下不能单说，不能独立地用来组成句子。这就是说，词和语素虽然都是有意义的语言单位，但词是造句的单位，而语素是构词的单位。语素可以分为自由语素和半自由语素。自由语素是能够独立成词的语素；不能单独组成词，或只能同其他语素组合成词，在构词时位置不固定的语素是半自由语素。

3. 词汇

词汇，顾名思义是词的总汇，是一种语言里所使用的词的总称。现代汉语词汇的基本成分是词，也包括其性质、作用大致相当于词的熟语，如成语、谚语、歇后语、惯用语等。

（二）词的构造

1. 单纯词：由一个语素构成的词

（1）单音词：单音节的词。例如：人、天、马。

（2）多音词：

①联绵词：两个音节连缀成义，不能拆开的词。

a. 双声：两个音节声母相同。例如：参差。

b. 叠韵：两个音节的韵相同。例如：从容。

c. 其他：非双声、叠韵。例如：蝴蝶。

②叠音词：由两个相同的音节相叠而构成，分开后没有意义。例如：猩猩、姥姥、纷纷。

③音译词：音译的外来词。例如：沙发、葡萄、巧克力、奥林匹克。

2. 合成词：由两个或两个以上的语素构成的词

（1）复合式：至少由两个不同的词根组合而成。

①联合型：由两个意义相同、相近、相关或相反的词根并列组合而成。

a. 两个词根意义并列，可以互相说明。例如：道路、体制、改革、治理、善良。

b. 两个词根组合起来后产生新的意义。例如：骨肉、尺寸、开关、买卖、反正。

c. 偏义词：只有一个词根的意义在起作用，另一个词根的意义完全消失。例如：国家、质量、窗户、人物、忘记、动静。

②偏正型：（定中，状中）前一词根修饰、限制后一词根。例如：新闻、火车、筛选、火热、狐疑、好看、重视、男子。

③补充型：后一词根补充说明前一词根。

a. 前一词根表示动作，后一词根补充说明动作的结果。例如：提高、推广、阐明。

b. 前一词根表示事物，后一词根表示事物的单位。例如：花朵、羊群。

④动宾型：前一词根表示动作、行为，后一词根表示动作、行为所支配、

关涉的事物。例如：管家、司令、起草、达标、下岗、动员。

⑤主谓型：前一词根表示被陈述的事物，后一词根是对前面的陈述。例如：地震、霜降、日食、民主、年轻、肉麻。

（2）附加式：由一个表示具体意义的词根和一个表示某种附加意义的词缀构成。

①词缀 + 词根。例如：老 ×、小 ×、第 ×、阿 ×、初 ×。

②词根 + 词缀。例如：× 子、× 头、× 儿、× 性、× 者、× 化。

③词根 + 叠音词缀。例如：红彤彤、绿油油、喜洋洋、水汪汪、乱哄哄。

（3）重叠式：由两个相同的词根相叠而构成。例如：妈妈、爹爹、叔叔、哥哥、刚刚。

（三）词义

词的声音是词的形式，词的意义是词的内容，词是声音和意义的结合体。词义是词的意义的通称，是客观事物、现象在人们头脑中的反映。

词义对客观事物、现象的反映是概括的反映。调的声音和意义的结合是社会“约定俗成”的，它们之间没有必然的联系。词义包括词汇意义和语法意义，严格来说，实词既有词汇意义也有语法意义，而虚词只有语法意义。

（四）同义词、反义词和同音词

1. 同义词

意义相同或相近的词叫同义词。同义词也有某些细微的差别，如表现重点不同。例如“安定”和“稳定”都有平静正常、没有变动的意思，都可以用于形势、生活和人的情绪，但“安定”含有平安、安好之意，如“我们要维护来之不易的安定局面”：而“稳定”更强调平稳、无大变化，如“这位病人现在病情比较稳定”。

2. 反义词

意义相反或相对的词叫反义词。一个词通常只有一个反义词，但也存在复杂的情况。另外，反义词也具有使用的不平衡性。

3. 同音词

同音词是指语音相同而意义不同的词。同音词按书写形式是否相同又分为两类：一是书写形式相同；二是书写形式不同。例如：

关爱——老师和同学们的关爱增强了她战胜疾病的信心。

关隘——这一处关隘历来是兵家必争之地。

关碍——这次事故对公司信誉大有关碍。

（五）现代汉语词汇的组成

现代汉语的词汇极其丰富，从组成的来源看，包括传承词、新造词、古语词、方言词、行业词和外来词。

1. 传承词

传承词是指古代、近代汉民族语言词汇中流传下来而为现代汉语词汇所承接的词。简单地说，就是历史沿用的词。传承词在现代汉语词汇占据大多数。

2. 新造词

新造词是指古代、近代汉语词汇中没有，历史进入现代以后创造出来的新词。新造词是和传承词相对而言的，它们一起构成现代汉语词汇的主要部分。

3. 古语词

古语词是指古代、近代汉语的词汇。古语词中的很大一部分已作为传承词被现代汉语所吸收，也有一部分被摒弃。

4. 方言词

方言词是指流行于某个地区而普通话里并不使用的词。例如：商店晚上关门停止营业，在上海叫“打烊”；冰棍儿在上海叫“棒冰”；上衣在厦门叫“外衫”；月亮在广州叫“月光”，在福州叫“月”。

5. 行业词

行业词包括术语和行业专门用语。

6. 外来词

外来词是指从其他民族语言中吸收过来的词，又叫借词。各民族之间的贸易往来、文化交流、移民杂居、战争征服等原因，都会引起语言的接触，出现词的借用。

汉语外来词根据吸收方式的不同，可以分为以下几类。

（1）音译词。例如：雷达、戈壁、扑克、逻辑、香槟、迪斯科、模特儿。

（2）音译兼译意词。例如：幽默、引擎、绷带、黑客、俱乐部、可口可乐。

（3）音译加译意词。例如：啤酒、卡车、卡片、霓虹灯、摩托车、沙丁鱼。

二、词汇教学的意义和基本原则

词汇是构成语言的基本材料，目前学界已达成共识并反复强调：语言教学的目标是培养学生的言语交际能力。而掌握汉语词汇是提高学生听、说、读、写能力的基础，因此作为一名从事汉语国际教学的教师，不但自身要掌握汉语词汇知识，而且要在遵循词汇教学原则的基础上，根据汉语词汇的特点，不断探究适合学生的教学方法，以达到汉语词汇教学的目标，满足学生的学习需求。

（一）词汇教学的意义

词汇是语言三大要素之一，是语言表达的最基本成分。从学生的角度看，学习任何一种语言，没有一定量的词汇做基础，就无法与他人进行交际。从教师的角度看，一般来说，语言教学离不开词汇教学，词汇教学是课堂教学的首要环节。在一般的课堂教学中，除了初级的语音教学以外，所有的教学环节以及所有的技能训练都是以词汇教学为前提的，因此可以说，词汇教学是第二语言教学的基础。

胡明扬先生对词语的认识是："语言说到底是由词语组合而成的，语音是词语的具体读音的综合，语法是词语的具体用法的概括，离开词语也就没有语言可言，如果掌握词语的具体读音和具体用法，即使不学语音和语法也可以，母语的获得经历就是这样一个过程。相反，如果只掌握语音和语法知识，而不掌握具体词语的读音和用法，那么还说不上已经掌握这种语言，往往会一说就错，一用就错。"由此可见，词汇是培养学生语言交际能力不可缺少的基本语言材料，要掌握汉语就必须学会一定数量的词语。掌握词汇量的多少和正确运用词汇的程度是衡量学生语言水平的重要标志。

在对外汉语教学中，学生掌握词汇数量的多少和运用词汇的熟练程度对语言交际能力的培养有着直接的影响。语音、词汇、语法三者相比较，无论从数量上，还是从意义和用法上来讲，词汇都是最难掌握的。因此，加强汉语词汇教学的研究，探索汉语词汇教学的新方法，在汉语国际教育中具有十分重要的意义。

（二）词汇教学的基本原则

1. 区分频度原则

汉语的词汇系统繁复，词汇量庞大，因此对外汉语教学中的词汇教学也要分轻重缓急。语言教学界早已注意对词语进行计量统计，以区分它们的使用频度。由于汉语词汇是由汉字构成的，词汇教学离不开汉字教学，因此教学词汇要参考词汇频度和汉字频度两部分。

《现代汉语常用字表》综合汉字的使用频率、构词能力等各项指标，确定了 2500 个常用字和 1000 个次常用字，并进行了检测，结果是 2500 个常用字覆盖率达 97.97%，1000 个次常用字覆盖率为 1.51%，合计（3500 字）覆盖率达99.48%。当然这2500字或3500字也应按学生的需求，分出层次先后教给学生，使学生掌握一定的构词规律和词义组合规律。同样《现代汉语频率词典》以出现频率为标准，对8548个高频词进行了进一步的划分。在对外汉语词汇教学中不仅要区分词的使用频率，而且要区分多义词各义项的使用频度，确保教师在课堂教学中能集中力量，让学生掌握一定量的常用词，达到最好的教学效果。

区分汉字使用频度和词汇使用频度，无论是对教材编写还是对课堂教学都有重要意义，它能使从事对外汉语教学和研究的专家、教师在编写教材的选词方面或者课堂词汇教学方面，以汉字和词汇的频度为依据，遵循常用词先选多选、先教多教的原则，更好地满足学生的学习需求。

2. 分类教学原则

在汉语的词汇教学中一定要注意对每一堂课要讲解的词汇进行分类。分类的角度有多种，比如，以是否重点、是否难点、使用频度、教学要求等为标准进行划分。教师对不同类的词汇应区别处理，具体体现在时间分配、教学方法的不同等方面。比如，生词“书”，通过翻译，学生很容易理解它的意义，教师无须解释，直接进入搭配与模仿练习即可，整个过程简单直接，所用教学时间短，且达到教学目的快。而对于那些意义不易解释、用法复杂的词语，教师则不但要讲清楚词语的音、形、义，而且要讲清楚词语的用法，即词与词的搭配以及搭配时应该注意的问题等。总之，教师在面对书中的大量生词时，不可平均使用力量，绝不可以对每个词都进行内容丰富的讲解或千篇一律地使用同样的方法讲练，要根据教学目标，做到重点突出，有意识地区别处理。

3. 系统性原则

语言是个系统，它是由语音、语法、词汇等子系统组成的。语言系统内的所有组成部分都是按一定规则组织的，词汇当然也不例外。关于此问题，徐国、廖庆曾发表见解：“词汇系统是由一个个的词汇成分有序地组织起来的，这些词汇成分都属于哪种语言单位，构成词汇系统的各种构成单位都具有哪些性质，这构成了汉语词汇系统研究的第一个平面——要素平面；在词汇系统中任何一个或一类词汇成分都有序地组织在一起，形成相互作用、相互制约的联系，构成一个个的同义类聚、同音类聚等聚合体，这便形成了第二个平面——聚合平面；作为整体的词汇系统，各个词汇成分必然存在于特定的等级秩序之中，并通过特定的组织结构来实现其特定的外部功能，这就形成了汉语词汇系统研究的第三个平面——层级平面。”所以，在外语词汇教学中，必须充分考虑词语本身以及词与词之间的各种系统的内在关系。例如，可以利用词本身的结构关系、词语之间的同义关系、反义关系、同音词关系、上下位关系、搭配关系及句法搭配限制手段，来帮助学生掌握和记忆单词，这样能达到事半功倍的效果。

4. 交际性原则

语言教学的终极目标是培养和提高学生的言语交际能力。交际能力包括以下几方面内容：（1）语言知识：语言技能（包括听、说、读、写）；（2）语境（选择与所处语境相适成的话语）：交际者之间的关系（根据对方的身份、地位、社会场合以及与对方的关系说出得体的话语）；（3）社会文化知识：也就是要求汉语学习者在语言交际中能根据话题、语境、文化背段说出扮体、恰当的话，这些要求同样适用于词汇教学。在词汇教学中，不仅要使学生掌握词的音形义以及词的使用特点，更要使学生能够根据语境这一因素，正确、得体地使用，从而达到有效交际的目的。因此，教师应在情景互动中进行词语教学，在情境中呈现运用，在互动中操练掌握。

5. 文化原则

语言和语言的应用不可能脱离文化而单独存在。语言是一种民族文化的表现与承载形式，而词汇又是语言的基本材料，离开词汇就无法表达思想，所以词汇也不可避免地要受到该语言文化的影响。在许多词语概念意义的背后还蕴含一定的文化意义。比如，汉语中概念意义与其他外国语中概念意义基本一致的两个词很可能在文化意义上会大相径庭。就拿表示颜色的词语和表示数字的词语来说，在不同国家可能有不同的文化含义。比如，在中国，人们喜欢数字“6”“8”“9”，因为它们含有“顺利”“发财”“长久”的文化意义；西方人大多忌讳“13”这个数字，因为它具有“苦难、不幸”之义。表示颜色的词在很多国家更是有丰富而不同的文化意义。因此，在对外汉语教学中，教师应对词语的文化意义进行诠释，以培养学生的“跨文化意识”，这不但能使学生准确地理解汉语的表达，也能使学生得体地使用汉语进行交际。

三、词汇教学的方法

词汇：教学通常可以分为三个部分：一是展示生词；二是解释词义及用法；三是词语练习。

（一）展示生词

展示生词就是教师把所要教的通过板书或其他形式介绍给学生，并让学生认读，进而了解词义、用法。常见的生词展示顺序有以下三种形式。

1. 按词类排列的展示

把课文中的生词按照词类排列，如名词、形容词、动词等。

2. 按相关意义排列的展示

例如，如果课文是与“买衣服”相关的主题，则可按照“衣服类名词”“买衣服的场景”“颜色词”等进行排列展示。

3. 按生词在课文中出现的顺序展示

直接按照生词表里的生词的顺序去讲解。

（二）解释词义及用法

1. 直观法

在初级阶段的词汇教学中，教师没有必要对教材中的生词作过多解释，讲解应当尽量简单易懂，不用多借助语言就可使学生领悟。可充分利用图画（黑板画、图片、照片等）和实物引出生词。例如，教“苹果、香蕉、橘子”这些词时，可以向学生展示水果的实物、画片、图片或照片等。可利用表情、动作让学生理解生词。例如，教“高兴、难过”等词语时，老师可以用相应的表情解释词义；教“推、拉、拿、握”等词时，可以一边表演动作一边让学生快速说出相应的生词并快速指出板书上的生词。使用这种方法可以使学生直接了解词义，把生词的形、音、义有效地结合起来，并使记忆得到强化。研究表明，记忆多重感官感受的信息要比记忆一种感官感受的信息长久得多。

2. 比较法

比较法一般用于近义词辨析中。比较通常要从基本意义、感情色彩、词性、用法等角度进行，关键要找出两个词语的异同点究竟存在于哪个方面。例如，学习生词“后果”时，教师可将它与学生已知的词语“结果”进行比较。这两个词都指事物发展到一定阶段所达到的最后状态。“后果”用于言语和行为违反事物的发展规律产生的结果，是贬义词，多用在“坏”的方面；而“结果”是中性词。在辨析词义和用法时，也可采用提问的方式，让学生在回答问题时不知不觉地理解。例如，在教“认识”和“了解”时，可以就学生不太熟悉的某个人问几个问题：“你认识某某吗？”答：“认识。”“你了解他吗？”学生可能说“了解”，那么就再问几个关于某某的问题，若学生回答不上来，再指出在这种情况下只能说“认识”某某，不能说“了解”某某，就此引导学生讨论“认识”和“了解”的词义以及用法的异同。

3. 语素法

单纯词由一个语素构成，语素义就是词义。由多个语素构成的合成词，构成词的语素义和词义之间往往具有密切的关系。例如，“死因”就是“死亡的原因”，“无声”就是“没有声音”，“情诗”就是“男女间表达爱情的诗”等。因此，在词语教学中，尤其是在词义教学中一定要重视语素的作用，充分利用语素义和词义的关系来解释词义并帮助学生猜测词义。汉语有很多包含相同语素的双音节的近义词，如“理想”和“幻想”，“温柔”和“温顺”，这些近义词在词义上的不同往往是因为这两个词有一个不同的语素，这个不同的语素是形成词义差异的关键因素。还可以将合成词中的语素加以离析，利用该语素进行扩展，从而达到巩固所学词并扩大词汇量的目的。例如，学到“歌迷”一词时，教师可以分别解释“歌”和“迷”的意思，并让学生分别用这两个语素构词，“迷”可以构成“球迷”“戏迷”“财迷”等词，“歌”可以构成“歌星”“歌手”“歌曲”“歌名”等词。

4. 语境法

词在语言中的作用是造句，词的意义只有在具体的语言环境中才能明确，离开具体语境，我们往往很难理解词的具体含义并掌握其用法，因此，词汇教学必须结合语境来进行。

汉语中一词多义的现象非常普遍，要想确定一个词的具体意义，就必须将其放到具体的语境中。例如：

a. 这条河太深了，我们不能过去。

b. 她的理论水平很深。

c. 他喜欢深色的衣服。

d. 夜深了，我们回去吧。

在上述各句中，“深”分别处于不同语境中，其词义也随着不同的使用场合出现很大的差异。由此可见，词在特定语境下表达的特定含义，必须结合特定的语境才能得到正确的理解。教师在教学中一定要“词不离句”，通过具体的句子来说明词的意义，并将其置于相似的语境中，用不同的句子多次呈现其某一意义，这样才能使学生真正理解和掌握词的意义和用法。

对于一些词义抽象的虚词，我们更需要在具体的语境中去理解它的意义和用法。比如，讲“根据”这个词，直接说“把某种事物作为语言行动或得出结论的前提：认识、信念、判决的依据”。学生可能不会完全明白，这个时候需要给出更大的语言环境，设计一个对话的情景，才有可能消除学生的困扰。例如：

老师：现在听写，准备好了吗？

学生：没有，明天好吗？

老师：好，根据你们的要求，我们明天听写。

然后进行解释“在说明原因前，可用根据”。再给出一个例句，如“根据他说汉语的表现，我觉得他不是中国人”。

再如，“竟然”这个词，说话人用来表示对意想不到的事情感到吃惊的语气和态度。教师可简单讲解词义，告诉学生“竟然”表示“你没想到的事是这样”或“你很吃惊”。然后说几个简单的学生容易理解的句子。例如：

这小孩才 5 岁，竟然知道这么多事。

他才学了三个月的汉语，竟然能说得这么好！

他是我们的校长！你竟然连他都不认识？

最后教师给情境，让学生说句子练习。在解释词义的时候要依靠语境，在学习词语用法的时候更要依靠语境。要使学生掌握一个词语的语法功能、搭配对象、感情色彩、使用场合，必须提供一定的语境让学生了解，仅靠词典的静态释义，学生不可能很好地掌握。提供一定的动态语境，可使学生达到最终学会使用词语的目的。

（三）词语练习

有人说语言不是教会的，而是练会的。词语练习就是在学生初步掌握词语的形音义和用法的基础上，让学生反复操练、反复实践，达到熟练掌握、运用自如。因此，词语练习设计要合理，要有针对性，针对词语的语法功能、组合特点、句中位置等设计；练习形式要多样。词语练习都是为达到不同教学目标而设计的。词语的练习目标基本可分为两个层次：首先，要巩固学生对词语音形义的掌握；其次，达到使学生掌握词语用法的教学目标。常见的练习方式有感知性练习、理解性练习和应用性练习等。

1. 感知性练习

感知性练习是帮助学生识别、记忆词语的读音、意义和书写形式的练习。可以听录音写汉字，也可以利用具体实物、图片或动作等让学生说出词语。利用课前准备好的图片、实物等，组织学生练习，以帮助学生记忆。

比如，练习“衣服、裤子、裙子、鞋”等词语，可以利用图片，指着图片上所有的衣物让学生反复练习说名称；练习“桌子、椅子、书本、笔、门、窗户”等词语，可以利用教室存在的实物组织学生反复练习。

再如，练习数词 1 到 10，教师可以做出表示不同数字的手势，让学生根据教师的手势说出数字。一些常见的动作也可以通过教师的动作或学生表演动作来进行练习。

2. 理解性练习

理解性练习有很多种，例如，说出或写出反义词、同义词替换、图示方位词等。

（1）说出同义词。教师说出一个词，让学生迅速说出这个词的同义词。例如：

原来——（原先）

似乎——（好像）

美丽——（漂亮）

丑陋——（难看）

这种练习的目的是让学生对汉语中成组的同义词进行联想，以加深记忆，培养他们对汉语词汇的联想能力，从而扩大词汇量。

（2）说出反义词。教师说出一个词，让学生迅速说出这个词的反义词。例如：

开——（关）

高——（矮）

安全——（危险）

骄傲——（谦虚）

说出反义词的练习可以和说出同义词的练习同时进行，教师可以将词语写在黑板上或卡片上，练习时，首先让学生说出黑板上或卡片上的词，然后让另一个学生说出同义词或反义词。

3. 应用性练习

应用性练习包括选词填空、改写句子、限词造句、修改病句、看图说话等形式。

（1）选词填空。学生根据句子的具体语言环境和词语的不同用法来选择最恰当的词语填空，主要用于近义词或容易混淆的词语的辨析练习。如用“才”“就”填空：

我今天 8：05_________到教室，飞龙 7：50_________到了。

昨天的作业我花了 20 分钟 _________做完了。

他走了 40 分钟 _________走到。

（2）用反问句改写句子。例如：

你去过那个地方，你应该知道怎么走。________________

现在天天上班，一点儿时间也没有。________________

他从来没学过汉语，一点儿也不会，________________

（3）用括号中的词语完成句子。例如：

我给他打了好几次电话，可是（偏偏）________________

她一进来大家就看着她笑，（弄得）________________

我想看明天的比赛，你能（弄）________________吗？

（4）修改病句。教师给学生一组病句，让学生修改。这种方法可以用来检验学生是否真正掌握词的意义和用法。练习时，全班同学可以一起讨论，找出错误，并说明原因。例如：

智子不但知道了，而且别的同学也知道了。

今天比昨天非常。

这间教室既宽敞，那间教室又狭小。

（5）限词造句。用词语造句是词汇练习的基础训练方法之一。学生能准确地运用某一个词语造句，是他们基本掌握这个词语的意义和用法的重要标志。然而，如果仅仅给学生一个词，没有任何情景，学生可能一时想不出句子来。因此，在造句练习时，教师最好给出一定的提示，以便于学生按照教师提示的思路造句，而不用花过多的时间确定要说什么。可以设置情景让学生造句。例如，练习用比字句造句时，教师可以给出下列情境。

教师：今天的温度是 20 度，昨天是 15 度，用比字句可以怎么说？

学生：今天比昨天热。

教师：玛丽的身高是 170 厘米，乔治的身高是 160 厘米，用比字句怎么说呢？

学生：玛丽比乔治高。

教师：高多少呢？

学生：玛丽比乔治高 10 厘米。

（6）用指定的词语说一段话。教师指定数个词语，并设计出运用词语的具体语言环境，让学生根据限定的语境与指定的词语表述一段话，这也是训练学生成段表达能力的一种方法。例如，用下面的词语说说，在你们国家去别人家做客时应该注意什么？

按照　显得　如果　什么　其实　合适

麻烦　传统　不但　千万　差不多

（7）看图说话。可以通过展示图片等形式，让学生看图说话。

第三节　语法与语法教学

一、汉语语法的基础知识

（一）现代汉语语法概述

1. 语法和语法体系

语法：语素、词、短语、句子等语言单位的结构规律。

词法：组词的规则（词的构成、词形变化、词类）。

句法：造句的规则（短语、句子的结构规律和类型）。

2. 语法的性质

（1）抽象性。语法不研究个体，而是从众多语法单位的组合里抽象出其中共同的组合方式或类型及如何表达语义。例如，汉语中的“看看”“学习学习”等词的重叠现象，说明有些动词可以用重叠的方法来表示动作的少量或短时。

（2）稳固性。语法的变化比语音、词汇慢得多。例如，词序和虚词是汉语的重要语法手段，这一特点古今如此。

（3）民族性。每种语言都有明显的民族特点，不仅表现在语音和词汇上，同时表现在语法上。例如，汉语里的词没有表示句法功能的形态变化，词在句子里充当什么成分，主要靠语序来表示，这一现象在其他民族的语言里就比较少见。

3. 语法单位

（1）语素。语素是语言中最小的音义结合体，构词的备用单位。汉语语素绝大多数是单音节的，一个语素书写出来就是一个汉字。

（2）词。词是最小的能够独立运用的语言单位。汉语的词大多数是单音节或双音节的，能构成短语、句子。

（3）短语。短语是语义上和语法上都能搭配的，没有句调的一组词。它是造句的备用单位。

（4）句子。句子是具有一个句调，能够表达一个相对完整的意思的语言单位。

上述语法单位的关系：语素可以等于词；词组大于语素；词可以等于句子；词组可以等于句子。

4. 句法成分

句子成分间的语法关系：主谓、动宾、定中、状中、中补。

（二）词类

汉语的词可分为实词和虚词两大类。

实词：表示实在的意义，能做短语或句子成分，能独立成句。实词有名词、动词、形容词、区别词、数词、量词、代词、副词、拟声词。

虚词：一般不表示实在意义，一般不能做短语或句子成分（只有副词可做句子成分）。它们的基本用途是表示语法关系。虚词有介词、连词、助词、叹词。

1. 名词

名词是表示人、事物、时间和处所等名称的词。例如：

学生　山　政治　春天　东边

2. 动词

动词是表示人或事物动作、行为、心理活动，存在、发展、变化和消失的词。例如：

走　有　爱　使　是

3. 形容词

形容词是表示人或事物性质、状态的词。例如：

好　坏　优秀　聪明　长

4. 数词

数词是表示数目和次序的词。例如：

一　二　许多　第一　初六

5. 量词

量词是表示人、事物、动作行为和时间单位的词。例如：

个　双　次　遍　件

6. 区别词

区别词是区别事物属性、类别的词，往往都是成对出现的。例如：

正副　金银　主要　次要　初级　中级

7. 副词

副词是说明动作、性状的程度、范围、时间、频率、语气、情貌等的词。例如：

很　都　已经　特意　难道

8. 代词

代词是有代替、指示作用的词。例如：

我们　自己　这里　每　哪里

9. 叹词

叹词是表示感叹或呼唤、应答的词。例如：

啊　哎呦　哦　喂　嘿

10. 拟声词

拟声词是模拟事物的声音的词。例如：

沙沙　呼呼　乒乒乓乓　叽里咕噜

11. 介词

介词是用在名词、代词或名词性短语前面，合起来表示时间、处所、方向、方式、对象、目的的词。例如：

从 随着 按照 对于 由于

12. 连词

连词是用来连接词、短语、句子，表示某种逻辑关系的词。例如：

和 于是 并且 但是 如果

13. 助词

助词是附在词、短语或句子上表示一定的结构关系、动态或语气的词。助词的附着性强，不能单用，不做句子成分。例如：

的 地 得 着 了 过

（三）短语类型

短语，也称词组，是由词与词组合起来的。短语不仅可以做句子成分，而且大多数的短语加上一定的语气语调就可以成为句子。

1. 主谓短语

主谓短语由主语和谓语两部分组成，主语在前，谓语在后，两者之间是陈述关系，语序不能颠倒。大多数情况下，主语由名词性词语充当，谓语由谓词性词语充当。少数情况下，主语也可以是非名词性词语，谓语也可以是名词性词语。例如：

粮食丰收 阳光灿烂 天气晴朗 眼睛很大

2. 动宾短语

动宾短语由动词和宾语两部分组成，动词在前，宾语在后，两者之间是支配、涉及的关系。例如：

吃米饭 看小说 坐飞机 喜欢她

3. 偏正短语

偏正短语由有修饰关系的两部分组成，修饰部分在前，叫修饰语；被修饰部分在后，叫中心语。偏正短语根据修饰语和中心语性质的不同，又可分为以下两种。

定中式偏正短语：我的书 漂亮的衣服 木头房子 野生动物

状中式偏正短语：非常漂亮 特别关心 完全应该 今天回来

4. 联合短语

联合短语由语法地位平等的两项或几项组成，并列的成分之间可以没有停顿，也可以有停顿，或用关联成分连接。例如：

老师学生 今天和明天 一个或两个 伟大而质朴

5. 中补短语

中补短语由述语和补语两个部分组成，述语在前，补语在后，补语是补充说明述语的。述语通常由动词或性质形容词充当，状态形容词不能充当述语。根据述语和补语之间的语义关系，可以分为以下几种。

结果补语：吃完　听懂　洗干净　写错　趋向

补语：爬上　跳下　走进来　跑过去

情态补语：逗得哈哈大笑　激动得热泪盈眶

数量补语：去三次看了　两遍住了十年

时间补语：生于 1968 年　成立于 1949 年

处所补语：毕业于北京大学　出现在这个地区

可能补语：看得见　看不见　听得懂　听不懂

程度补语：好得很　漂亮极了　坏透了

6. 连谓短语

连谓短语由多项谓词性词语连用构成，谓词性词语之间没有语音停顿，也不用任何关联词语。例如：

上山采药　看了心烦　听了很高兴

7. 兼语短语

兼语短语由前一动语的宾语兼作后一谓语的主语，即动宾短语的宾语和主谓短语的主语套叠，合二为一，形成有宾语兼主语双重身份的一个“兼语”。直接包含兼语的短语叫兼语短语。例如：

请他来　派我去　让王老师上口语课

8. 同位短语

同位短语也叫复指短语，由所指相同的两个部分组成，这两个部分合起来可以共同作一个句子成分。例如：

首都北京　我们大家　你们几位

9. 方位短语

由方位词直接附着在名词性或动词性词语后面组成，主要表示处所、范围或时间，具有名词性。例如：

操场上　教室里　五环以外

10. 介词短语

介词短语由介词附着在名词等词语前面组成。介词短语常修饰谓词，用来标明动作的工具、方式、因果、施事、受事、对象等多种语义成分或语义格。例如：

［用大碗］盛汤　［为健康］而锻炼　［对谈恋爱］不感兴趣

11.“的”字短语

“的”字短语指助词“的”附着在实词（数词和副词除外）或短语后面所形成的短语，用来指称人或事物。“的”字短语的作用相当于名词，能够作主语、宾语。例如：

我的　　吃的　　喝的　　红色的

（四）句子的分类

1. 句子的结构类型

根据句子结构的不同，首先分出单句和复句。根据能否分析出主语和谓语可将单句分成两类：主谓句和非主谓句。主谓句指由主语和谓语两个部分组成的句子。汉语句子的谓语部分往往比较复杂，可以再根据谓语部分的性质将主谓句分为4个小类，即动词谓语句、形容词谓语句、名词谓语句和主谓谓语句。非主谓句是指由非主谓短语加语调形成的句子。这种句子可以由主谓短语或其他短语充当，也可以由一个词充当。

2. 句子的语气类型

按照句子的语气划分出来的类，也叫作句类。句子的语气类型可以分为4种：陈述句、疑问句、祈使句、感叹句。陈述句是用来叙述或说明事实，带有陈述语气、语调的句子。疑问句是具有疑问的句调、表示提问的句子，一般用升调。根据提问的手段和语义情况，疑问句可以再分为4类：是非问句、特指问句、选择问句、正反问句。祈使句是表示禁止、命令、请求语气的句子，句末用句号，语气强烈时，也可用感叹号。感叹句是表示强烈感情的句子，句末用感叹号。

3. 复句

复句是由两个或两个以上意义相关、结构上互不作句法成分的分句组成的句子，复句前后有隔离性停顿，书面上用句号、问号或叹号表示。

根据分句间的意义关系，可以把复句划分为联合复句、偏正复句两大类。复句内各分句间意义上平等、无主从之分的叫联合复句；复句内各分句间意义有主有从，也就是有正句和偏句之分的叫偏正复句。

（1）联合复句。联合复句可以分为并列、顺承、递进、选择、解说5小类。

①并列复句是指各分句平等地排列在一起，分别说明或描写几件事情、几种情况或同一事物的几个方面。常用的关联词语有“也、又、既……又、一方面……一方面、不是……而是”。例如：

这间教室既宽敞又明亮。

②顺承复句是指各分句间按时间顺序说出连续发生的动作或事件。常用的关联词语有“又、便、于是”。例如：

穿过一条干涸的河，又爬上一面土坡，就看见了那个村子。

③递进复句是后一分句比前一分句有进一层的意思。常用的关联词语有“不但……而且、甚至”。例如：

这本书我看过，而且看了不止一遍。

④选择复句是指两个或两个以上的分句分别说出几件事情，表示要在这几件事情中选择一件。常用的关联词语有“不是……就是、或者……或者、宁可……也（决）不、与其……不如”等。例如：

他是忘了，还是故意不来。

⑤解说复句是指分句间有解释和总分的两种关系。解释关系的后一分句对前分句进行解释；一般不用关联词，也有少数在后一分句单用“即、就是说”等关联词语。例如：

经常说假话的人会得到这样的下场，即他说的真话也没人信。

（2）偏正复句。偏正复句可分条件、假设、因果、目的、转折 5 小类。

①条件复句是指前一分句提出条件，后一分句推论结果。常用的关联词语有“只要……就，只有……才，除非……才，无论（不管、不论、任凭）……也（都、还）”等。例如：

我们无论做什么工作都要依靠群众。

②假设复句是指前一分句提出假设，后一分句推论结果。常用的关联词语有“如果（假如、要是）……那么（就），即使（即便、纵然、就算、就是、哪怕）……也”等。例如：

即使有千难万险，也挡不住我们前进的步伐。

③因果复句是指前一分句提出原因，后一分句说明结果。常用的关联词语有“因为……所以，由于……因此，之所以……是因为，既然……就（可见）”等。例如：

因为他喜欢你，所以才有这样的举动。

④目的复句是指一个分句叙述事实或措施，另一分句说明目的。常用的关联词有“为了、为……起见、以、以便、用以、以免、免得”等。例如：

我们要踏踏实实地把有关知识学好，以便有一个好的基础。

⑤转折复句是指在语义上，后一分句同前一分句相反或相对。常用的关联词有“虽然（尽管）……但是（可是、却）”，或只在后一分句用“但”“然而”“只是”“不过”“却”等。例如：

文章虽短，内容却很丰富。

二、对外汉语教学语法的特点

关于对外汉语教学语法的概貌，中国对外汉语教学协会汉语水平等级标准研究小组的概括非常精准：它不详细介绍语法理论和语法知识，而是突出语言使用规则；它重视语言结构形式的描写，同时又注意结构形式和意义的结合；它对语法规则的说明具体、实用，而又简洁、通俗；它从典型的语言材料出发确定语法项目和语法点，但又简明扼要、提纲挈领；它不引导师生去进行详尽的语言分析，而是要求教师更有效地帮助学生在学习语言时掌握必要的语言规律，并运用这些规律去指导语言实践。

从上述论述可知，对外汉语教学涉及的语法是教学语法，也可以叫作“学校语法”，是根据教学需求而制定的语法体系，是为教学服务的，是为了让学生更快、更好地掌握语法规则，并将所学到的语法知识有效地运用到语言交际中去。重点在于语法功能的描述，应具有实用性、可读性和易学性。为了适应教学需求，教学语法有时应该是规定性的。此外，第二语言教学语法的教学对象一般是成年人（儿童也是一样），他们根本不会用汉语进行交际，他们学习语法的目的是用汉语进行交际，因此学习的内容是一条条具体的语法规则。从学习方式上看，这些具体的语法规则是跟词汇学习同步进行的，是在具体的交际语境中学习的。

因此，对外汉语教学语法应该具有以下几个特点。

（一）语法的实用性

母语为汉语的学习者在习得汉语的同时就已经自然习得汉语语法，即使他们不学习汉语语法，也可以进行有效的交际。而母语为非汉语的学习者则是在学习汉语的同时学习语法，不掌握语法规则，他们就无法用汉语进行有效的交际。因此，实用性对外国学生来说就更为重要。可以说，对外汉语教学语法最大的特点就是从教学实际出发，能够促使学生更快、更好地习得汉语语法能力，而不拘泥于理论语法的系统性和完整性。

比如对离合词的处理。理论语法一般把“离合词”，如“见面、帮忙、结婚、洗澡、散步、鼓掌、游泳”等处理成词。如果对外汉语教学语法也根据理论语法把它们处理成词，留学生自然会以为它们和“休息、见、帮助、洗、跑”等词一样可以按照 AABB 式重叠，后面可以加动态助词“着、了、过”，可带宾语、补语等，从而产生“* 见面他”“* 帮忙着”“* 洗澡过”“* 散步了半个小时”等偏误。

事实上，目前很多教材就是这样处理离合词的，并用相应的外语词来对译，那么留学生在这类词上出错就在所难免了。在对外汉语教学中，重要的是指出这些词中间可以插入其他成分，如动态助词、表示时段的时间词语。重叠式只能重叠前面的一个动词性语素，不能带宾语，宾语只能通过介词或助词等引入。这些对对外汉语教学才是真正有用的。因此，对外汉语教学语法应该从对外汉语教学的角度出发，从实用性的角度来看，把它们处理成短语更合适一些。有的学者为了说明这类词和典型的短语的不同，提出将它们处理成短语词。这也不失为一个办法，只要有利于教学，我们都可以采用。

（二）语法的规范性

对外汉语教学语法的实用性并不影响其规范性。无论什么教学，语法都应该是规范语法，即要有一个明确的标准，明确地告诉学生什么是正确的，什么是不正确的；什么是合乎语法的，什么是不合乎语法的。这里所说的规范性有两层含义：是教学语法不能只是一个语法流派或某一个人的语法观点、理论以及对语言现象的描写和解释，而应该是根据当前语法研究的现状，对比较成熟的、已经被多数人接受的语言现象的描写和解释。可以不必说明理论界对某种语法现象有什么分歧意见，也不必进行理论方面的讨论。二是由于教学语法要对各种语言现象加以规范，所以对一些语法学界存在分歧甚至争论比较尖锐的问题，有时要采取折中的办法，甚至做出硬性的规定。虽然看起来有点武断，但这是教学语法难以避免的，总比让学生感到莫衷一是好得多。

（三）语法的稳定性

教学语法面对的是广大的学生，影响广泛，在新理论、新方法层出不穷的今天，如果把一些尚未达成共识的东西放进教学语法，就会使教学语法显得混乱，使学生无所适从。所以，教学语法相对于理论语法应该是稳定的。但稳定并不等于不变，随着理论语法的发展，为了更好地适应语法教学，教学语法应该合理吸收那些已经被学界公认的成熟的研究成果，不断充实和完善；另外，对一些不恰当的或者处理不妥当的地方，要加以修订。

（四）语法的可接受性

无论采用什么教学语法，都不可能把理论语法或者语法大纲原封不动地编进教材或搬进课堂，尤其是对外汉语教学语法，由于受教学对象的限制，可接受性的要求更高。因此应当优选语法项目，合理编排语法项目。

1. 优选语法项目

为了实现并提高对外汉语教学语法的可接受性，应该在科学统计的基础上优选语法项目。目前一些教材的突出问题就是对一些语法项目不分出现频率和使用价值的高低，而做全面完整的介绍，造成语法教学内容的繁杂，增加了教和学的难度。比如，在教复合趋向补语时，很多教材都是既教不带宾语的情况，又教带宾语的情况。带宾语的句子又分宾语在“来 / 去”之前和“来 / 去”之后两种，宾语又分事物宾语、人称代词宾语和处所宾语等。但统计结果告诉我们，趋向补语句中，宾语出现在“来 / 去”之后的情况仅占0.5%。据此，完全可以删除或在初级阶段不出现宾语在“来 / 去”之后的句子，以简化语法教学内容，提高可接受性。

2. 合理编排语法项目

对外汉语教学语法的可接受性还表现为内容要循序渐进，由易到难，由简到繁，由常用到非常用。这就要求我们必须把系统性很强的理论语法和语法大纲化整为零，根据教学的需求，依据一定的原则，将语法系统切分为一个个语法项目或语法点，重新进行编排。比如，把字句应该根据不同的语义切分为不同的格式，分散到不同的阶段进行教学。

另外，要尽量做到语言通俗易懂，表达深入浅出、生动活泼，避免枯燥乏味的抽象化、理论化的说教。比如，现代汉语理论语法学界普遍接受把字句的“处置说”，如果将其原封不动地搬进教材或课堂，效果是可想而知的。目前很多教材采用“A+ 把 +B+C”这一格式，语义解释为“由于 A 原因，使 B 具有 C 的特征”，效果就好得多。

（五）语法规则的细化

教学语法应该是可接受的，而理论语法的规则具有概括性。过于概括的知识点，对留学生来说自然是最难以理解、难以掌握、难以运用的，所以我们应该把那些概括性的语法理论进行细化处理。教学语法必须具体化、细化，细化的程度甚至要具体到每一个词的用法。比如一般的语法书都说，双音节的性质形容词可以用 AABB 的形式重叠。留学生会以为这是普遍规律，结果就会出现下列句子：

* 他聪聪明明的。

* 她在我心目中就是一个美美丽丽的公主。

这些偏误的产生原因就在于语法教学没有细化，没有明确地告诉学生哪些形容词可以重叠，哪些形容词不可以重叠。

（六）注重习得研究

由于教学对象的特殊性，对外汉语教学语法必须考虑留学生习得过程的特点，对外汉语教学语法内容的安排就应该以习得顺序的考察和研究为依据。比如，对外汉语教材一般是先出现完成体的“了 1”，再出现表示变化的“了 2”。但根据邓守信的统计和调查结果，母语为英语的第二语言学者往往较早习得“了2”，经过较长时间后才习得“了1”。因此，邓守信提出，在实际教学中，“了2”应先于“了1”出现，而且由于其容易学，应尽可能早出现；“了1”应在学生学习了相当数量的基本动词和类似“昨天、上个星期、今天早上”等时间词语后再教。这种结论是在语料库的基础上进行研究得出的，所以很有说服力，事实上也是如此。因为“了2”可以表示性质的变化，形态、行为、事情的开始；可以用在动词后边，也可以用在形容词、名词、数量短语的后边，在很多时候还有成句的作用，跟“了1”相比，“了2”的结构、功能都要广得多，按道理也应该先于“了1”出现。

三、对外汉语语法教学的原则

（一）精讲多练的原则

对外汉语教学中一贯遵循的一个原则就是精讲多练，语法教学也必须而且也能够贯彻精讲多练的原则，不能搞“一言堂”。因为语言学习是一种技能学习，语言教学是一种技能训练。语言教学的目的不是让学生明白一些语法理论，而是让他们能够准确地、熟练地使用汉语进行成功的交际。没有大量的、反复的、有效的操练，是不可能达到这一目的的。一般认为，语法教学的一个关键就在于授课教师能否处理好“讲”和“练”的关系，即是以教师为中心还是以学生为中心的关系。

（二）表达简化和浅化的原则

要想真正做好对外汉语教学绝对不容易，即使是资深的汉语语法教授也未必讲得好对外汉语语法，原因就在于在对外汉语语法教学中要把所教的内容做简化和浅化的处理。其实，对外汉语教学最难的事情也许就是把那些研究得较深、较难的语法问题，用外国人能够理解的、浅显易懂的语言讲出来，并采用适当的方法让不会说也听不太懂汉语的留学生理解并正确地运用。这就需要对外汉语教师在讲解语法知识前，对内容进行深入研究，反复琢磨，使所教内容尽可能地简单和浅显。当然，这是一种对语法知识反复咀嚼、内化的结果，如果没有对汉语本体语法的深入细致研究，就不可能做到深入浅出。

（三）少用术语的原则

在语法教学过程中，我们要最大限度地少用语法术语，以免加重学生的负担。在教学中，很多术语在其他语言中都有相应的术语，没有必要花很多时间去解释，简单说明即可。因为我们是在教外国人学习怎样使用汉语，而不是教他们汉语语言学。解释是为了有效地指导语言实践，不必讲义式地罗列语法概念和术语。《初级汉语课本》在减少语法术语方面做了有效的尝试。比如，只说“动作的趋向”“动作持续的时间”“……表示可能”等，而不出现“趋向补语”“时量补语”“可能补语”等术语；只用“v1 着 v2”“sb1+ 让 / 叫 / 使 +sb2+v”“sb1+ 有（v 着）+n”等格式，而不出现连动句、兼语句和存现句等术语。这里说的“少用术语”，并不是因为说不用，老师就可以不懂。相反，对老师的要求更高，要求老师在自己真正明白这些术语的基础上，用学生比较容易理解的语言表达出来。

（四）形式、语义和语用并重的原则

在实际的对外汉语语法教学过程中，如果仅从形式出发作句法分析，是远远不够的。因为任何一个单纯的格式化的句型都是抽象的，它们的实现要受到各种条件的限制。正如刘月华在《实用现代汉语语法》序言里所说：“在阐述各项语法规则时，除了指出结构上的特点外，还应特别注意语义和语用上的说明，以便使读者了解在什么情况下使用什么样的表达方式，以及在使用某种表达方式时应注意什么样的限制条件。”

比如，在教授“把”字句时，如果单纯地告诉学生“把”字句的形式，即“sb+ 把 +o+v 在 / 到 +place”“名 + 把 + 名 + 动在 / 到 + 处所名词”，只不过提供了一种组合的可能性，并不是任何名词、动词放在这个句型里都可以生成合乎语法的句子。如果我们不把“把”字句的语义和语用条件告诉学生，留学生就会照此格式生成形式上完全正确而实际上完全错误的句子。例如：

* 我把饺子吃在沈阳大学食堂。

* 他把衣服买在中街。

可见，除了形式上的说明之外，还应该说明，某一动作发生后使名词所代表的事物附着在处所名词所代表的地方，才能使用“把”字句。例如：

* 我把饺子放在桌子上。

* 他把衣服扔在床上。

要想让学生理解语用，即到底在什么情况下才使用某一语法项目，需要把要讲的语法项目放到更大的语篇中才能理解。比如，不少教材、词典都写到“并”放在否定词前，表示强调，加强否定的语气。但因为只举一些单句，如“我并不想去上海”，留学生很难理解“并”到底在什么情况下使用。而且汉语表示“强调”的太多了，到底“强调”什么？学生不得而知。留学生往往会根据教材、词典上的说明去类推、运用。例如：

A：你明天去西安吗？

B：* 我明天有考试，并不能去西安。

A：你昨天参加汉语日的表演了吗？

B：* 我并没参加表演。

不言而喻，上句中的“并”用得都不太合适。因为只有当说话人为了强调说明事实真相或实际情况而来否定或反驳某种看法（包括自己原先的想法）时才用这个语气副词“并”。而这种语用要求只在单句中是很难体现出来的，必须结合上下文语境才可以。例如：

老师：田承恩，昨天你去喝酒的时候看到班长了吗？

田承恩：老师，我昨天并没去喝酒

学生 1：我知道你喜欢她，为什么还不告诉她？

学生 2：我并不喜欢她。

上例中田承恩说“我昨天并没去喝酒”，一定是因为老师说“你去喝酒了”。同样，学生 2 说“我并不喜欢她”，一定是因为学生 1 说“你喜欢她”。为了反驳别人的观点时才使用“并”，否则就是错误的。如果不把形式和语义、语用结合起来进行教学，留学生就很难全面正确地掌握相应的格式，所以对外汉语教学语法更应该做到形式、语义和语用并重。

（五）注意学生偏误的原则

大夫要知道病人的症状才能对症下药，作为老师，也应该能预见留学生常在哪里出问题，会在哪里出问题。只有这样，我们才能防患于未然。所以在讲一个语言点之前，首先应从留学生的偏误入手，然后分析留学生之所以会出现这种偏误的原因，最后总结针对这种偏误所应该采取的教学方法。作为一名对外汉语教师，偏误分析也是一种必备的本领。因为从理论上说，偏误分析可以发现语言习得规律并深化我们的认识；从实践上说，可以帮助老师预测和避免偏误，指导教学。例如：

* 老师不同意提前下课去吃饭，也我不同意。

* 我的语法不好，也发音不好。

我们根据以上偏误总结出：直接将“也”置于主语之前，偏离了汉语副词的句法功能，是留学生易于出错的项目。类似的偏误还常见于“就”“都”“还”“却”等。如果在教学之前就预测到学生会在这方面出问题，在学生刚接触这个语法项目之前就给堵上这个口子，用格式化的方法告诉学生：sb+ 也 / 都 / 就 / 却等 +v，* 也 / 都 / 就 / 却等 +sb+v。这样学生就不会轻易犯此类错误了。

四、汉语常用句式及其教学

汉语中常用句式很多，如“被”字句、“把”字句、比较句、连动句、兼语句、存现句，等等。下面重点谈谈“比较句”和“把字句”句式。

（一）比较句及其教学

1. 等比句

从大的方面来看，汉语表示比较的句子主要有两类：一类是表示事物、形状的异同，不用“比”的比较句，而用“跟 / 和 / 同 / 与”，叫作“等比句”：一类是比较性质或程度的差别、高低，叫作“差比句”。每一大类中又各包含一些不同的小类，主要有以下几种。

（1）A 跟 / 和 / 同 / 与 B+ 样 / 不一样（adj）/ 相同 / 不同等。例如：

今天和昨天一样冷：

（2）A 不如 B/A 不如 B+adj。句中形容词一般是表示积极意义的形容词。例如：

我不如姐姐漂亮。

我不如姐姐丑。

（3）“有”字句。例如：

今天有昨天冷吗？

（4）越来越 +adj/v。用来比较人或事物的数量或程度随着时间的推移而不断地发展变化，是同一市物不同时期或不同条件的比较。基本格式：越来越 +adj/v。句中表示性质的形容词已经含有程度的意义，是肯定以前的程度高，现在更高的意义，所以不再接受表示程度的词语。例如：

他的汉语越来越好了。

我越来越喜欢放风筝了。

“越来越 +……”后只能出现心理动词，一般动词不可。例如：

我越来越习惯北京的生活

（5）“越……越……”。基本格式：越 v1/adj1 越 v2/adj。例如：

他心里越紧张，越说不清楚。

人越多越好。

“越……越……”不能再受程度副词的修饰。如果只有一个主语，自然放在“越……越……”之前，如她越说越生气。如果有两个主语，分别放在两个“越”之前。例如：老师越说，学生越紧张。

2.“比”字句

“比”字句是表达比较的常用句式，它是用来比较不同事物以及同一事物在不同时间不同情况下的差别。“比”字句的基本格式有以下几种。

（1）A 比 B+adj。例如：

北京比沈阳大。

这间教室比那间教室暖和。

（2）A 比 B+adj+num/ 得多 / 一点儿 / 多了。例如：

今天比昨天热多了。

这间屋子比那间屋子大一点儿。

（3）A 比 B+v+num。例如：

我们学校的留学生比去年增加了 500 人。

这一句式中的动词多为增减、升降的动词，如增加、减少、提前、推迟、演唱、提下降等。

（4）A 比 B+ 早（晚）/ 多（少）+v+ 数量（一点儿）。例如：

我比他早来了半个小时。

今天比昨天晚下课五分钟。

（5）A+v+ 得 + 比 +B+adj，A+v+ 得 + 比 +B+adj+ 得多 / 力儿 / 多了。例如：

他说得比我好多了。

兔子跑得比乌龟快一点儿。

（二）“把”字句及其教学

“把”字句是汉语中特有的句式，也是对外汉语教学中无法回避的、极具难度的语法项目。

1.“把”字句的语法意义

关于“把”字句的语法意义，影响最大的是“处置说”，即主语代表的人或事物通过动作行为使某个人或事物发生一定的变化，这个变化可以是位置移动，可以是性质发生变化，也可以是形式上发生变化，甚至可以是在别人的认识中发生变化。

2.“把”字句在使用中应注意的形式方面的要求

（1）光杆动词不可以充当“把”字句的谓语。例如：

* 请把这间屋子打扫。

请把这间屋子打扫一下。

* 我把这些饭全吃。

我把这些饭全吃完。

这是因为多数“把”字句表示某些确定的事物因为某动作而发生某种变

化，这一语法意义就要求“把”字句的谓语动词本身不能是一个光杆动词。要表示结果或变化，动词后应该有表示该意义的结果补语或趋向补语；要表示位移或关系的转移，动词后就应该有表示这种位移或关系转移的相应词语等。“把”字句的语法意义决定了其谓语动词不可能是个光杆动词，在动词前或后（主要是后）应该有相应的词语来表示与动词有联系的其他相关意义。

不及物动词和形容词不可单独充当“把”字句的谓语。例如：

*我把这件衣服湿了。

*他把杯子破了。

“把”字句的基本语法意义要求其谓语动词必须是能涉及另一对象的及物动词，不及物动词和形容词都不能涉及另一对象，所以都不可以充当“把”字句的谓语。

（3）存现动词（有、在）、属性动词（是、属于）、心理动词（知道、相信）、趋向动词（上、下、下去）不能充当“把”字句的谓语。例如：

*他还没把那本词典有了。

*人们把玫瑰是爱情的象征。

*我至今还把西藏去过。

*我三年只把家回过一次。

因为这些动词所表示的动作都无法使所涉及的另一事物发生某种变化，所以也不可以出现在“把”字句中。

（4）能愿动词、否定副词和时间词语等词语应该放在“把”的前面（时间词语也可以放在主语的前面）。例如：

*你把这件事不应该告诉妈妈

你不应该把这件事告诉妈妈。

*我把今天的作业没带来。

我没把今天的作业带来。

*我把明天书还给图书馆。

我明天把书还给图书馆。

明天我把书还给图书馆。

（5）“把”字句动词后面不能带可能补语。因为可能补语表示的只是一种可能，并不是动作的结果，而“把”字句的基本句义是表示某一动作或行为对某一事物造成或带来某种确定的结果或变化。“把”字句要表示可能的意思，就要把能愿动词“能”或“可以”等放在“把”的前面。例如：

*我把衣服洗不干净。

我不能把衣服洗干净。

*我把你的箱子打不开。

我不能把你的箱子打开。

第四节 汉字与汉字教学

一、汉字的基础知识

文字是记录语言的书写符号系统，是最重要的辅助性交际工具。汉字是记录汉语的书写符号系统，它是汉族人的祖先在长期社会实践中逐渐创造出来的。汉字也是世界上较为古老的三种文字之一，同时也是唯一一种还在使用的文字。

一个汉字代表一个音节，一个语素基本上也是一个音节，因此汉字和语素是相对应的。汉字可以非常有效地区别同音词，具有超方言的特点。汉字是形音义的统一体，字数繁多，结构复杂，缺少完备的表音系统。

（一）汉字形体的演变

汉字历史悠久，先后出现过甲骨文、金文、篆书、隶书、楷书 5 种正式字体以及草书、行书等辅助性字体。汉代出现的隶书是古今文字的分水岭，自此以后，汉字向现代汉字过渡。

1. 甲骨文

甲骨文是殷商时期通行的汉字字体，这种文字通常被刻在龟甲和兽骨上，所以叫甲骨文。从形体上看，象形字的图画性强，离事物原形不远；结构尚不定型，同一个字可以有多种写法；字形大多瘦长，大小不均；笔画细长方折，繁简不一。从记录的内容看，甲骨文的主要内容是卜辞，即商代王室占卜记录。

2. 金文

金文是商代、西周以至春秋战国时期熔铸在钟鼎等青铜器上的文字，因为在青铜器中钟鼎是极具代表性的器物，所以金文又叫钟鼎文。金文的字形同甲骨文接近，但象形符号的图画性有所削弱，字形渐趋匀称、整齐、方正。笔画因熔铸而成的作故，品得肥半圆转，异体字仍然比较多。在文字构造上，形声字增多，汉字发展的形声化趋势进一步明朗。

3. 篆书

篆书有大篆和小篆之分，大篆是春秋战国时期通行于秦国的文字，其特点是笔画繁多。在大篆的基础上经过整理简化，出现了新的字体小篆，小篆是秦始皇统一六国后采用的标准字体，也叫秦篆。小篆以泰山刻石为代表，主要特点是：图画性较弱，符号性增强，笔画比大篆简化，线条柔美、圆转、略带弧形，形体呈竖长方形，结构整齐、匀称，偏旁写法、位置趋于定型。

4. 隶书

隶书最早出现于战国时期的秦国，是在秦国简俗字的基础上形成的。隶书有秦隶与汉隶之分，秦隶与篆书还是比较接近的，汉隶呈八字状，上窄下宽，故又称“八分”。汉隶的笔画有波磔，是汉代的通行字体。与篆书相比，隶书主要有以下特点：从根本上改变了篆书的结构，汉字不再有象形意味；改造了篆书的偏旁，笔画进一步简化；线条平直、方折，并显出波势；字形扁平，有棱有角。隶书从根本上改变了汉字的结构，为现代汉字的形成奠定了基础，是古今文字的分水岭。

5. 楷书、草书和行书

楷书、草书和行书都由隶书发展而来。

（1）楷书

楷书兴于汉末，盛行于魏晋，直沿用至今，是现代汉字的标准字体，又叫“真书”“正书”。楷书保存了隶书的偏旁系统和基本结构，取消了隶书的波磔笔法，笔画平直，字形方正，易于书写。

（2）草书

草书形成于汉代，由隶书草化发展而成。草书分为章草、今草和狂草。

（3）行书

行书产生于东汉末年，字形流畅，易写好认，西晋以来，一直广为应用，是常用的手写体，也是楷书最主要的辅助字体。

汉字形体演变的总趋势是逐步简化、符号化、定型化、规范化。

（二）汉字的结构

现行汉字的结构单位有两级：一是笔画；二是部件。

1. 笔画

笔画是构成汉字的各种点与线，是汉字最小的结构单位。书写汉字时，从落笔到提笔，笔尖写出的点或线叫作笔画。

（1）笔形

笔形是笔的具体形状，现代汉字的基本笔形有5种，即横（一）、竖（丨）、撇（丿）、点（丶）、折（乛）。每一种主笔形还包括几种附笔形，附笔形是主笔形在不同位置或部件中出现的变形。如点（丶）是主笔形，捺（㇏）则是附笔形；竖（丨）是主笔形，竖钩是附笔形，折包括各种折笔，如横折、竖折、撇折等。在5种笔形里，横、竖类的笔形最多。

（2）笔画数

笔画数指的是每个汉字有几个笔画。正确计算笔画，在汉字教学、查字典和索引时很重要，排列人名也往往按姓氏笔画的多少和笔形的顺序。学习汉字时要能够准确地计算出每个汉字的笔画数。计算时要根据规范字形，不能根据不规范字形。

（3）笔画的组合

笔画的组合是指笔画和笔画的组合方式，现代汉字的笔画组合方式有3种。

相离：笔画彼此分离，如三、川、小、六、刁、习。

相接：笔画和笔画相接触，如厂、了、口、上、工、乍。

相交：笔画和笔画相交叉，如十、丈、中、车、丰、事。

虽然笔画相同，但由于组合方式不同，就成为不同的字。“刀”和“力”都是由折和撇组成的，但组合方式不同，“刀”是相接的，“力”是相交的。“八”“人”“乂”都是由撇和捺组成的，“八”是相离的，“人”是相接的，“乂”是相交的。有些字是以上3种组合方式的综合运用。如“史”字共5画，前3画是相接的，组成扁口形；第4画是撇，和扁口相交；第5画是捺和撇相交。

2. 部件

部件也叫字根、字元等，它是由笔画组成的具有组配汉字功能的构字单位，一般大于笔画小于整字。如“亿”可以拆分成两个部件，即“亻”“乙”。

（1）部件的拆分规则。部件的拆分规则主要有以下几种。

①相离的组合沿着分隔沟进行拆分。只有一条分隔沟的，沿分隔沟拆分为两个部件。

②相接的组合从节点处拆分。

③相交的组合不拆。

④拆分的部件一般不能是单一笔画。

（2）部件的组合方式。部件和部件按照以下几种方式进行组合。

左右结构，如张、明、群。

左中右结构，如湖、鸿、辨。

上下结构，如孟、盂、炎。

上中下结构，如器、嚣。

全包围结构，如国、园。

半包围结构，如凤、区、匪。

穿插结构，如爽、噩、坐、乘。

（3）成字部件和非成字部件。可以独立成字的部件叫作成字部件。例如，“另、吉、唱、向”里的“口”，“村、杏、呆、困”里的“木”。成字部件有读音和意义。不能独立成字的部件叫作非成字部件。例如，“简、刚、铜”里的“门”，“疾、病、疼、嫉”里的“疒”。非成字部件没有读音和意义。为了便于称说，可以给非成字部件起个名称。例如，“氵”叫三点水，“宀”叫宝盖头，“刂”叫利刀。其中有些非成字部件曾经是成字部件，如“都”中的右耳朵原是“邑”字；俗称的“宝盖头”原来也是一个字，意思是房屋。

（4）部首与部件。部首是具有字形归类作用的部件，是字书中各部的首字。东汉许慎首创部首编排法，其《说文解字》立了540个部首。根据收字的情况，各种辞书的部首也不尽相同。《新华字典》有189个部首，《现代汉语常用字表》有201个部首。传统字书从造字法着眼，把同一形旁的字归为一类，一个部首有时还包括其变形的部首，如“刀”包括平常所说的利刀，“火”这个部首包括“灬”，“人”部包括“亻”部。《新华字典》从实际字形着眼，分出“刀”和利刀这两个部首。

3. 笔顺

笔顺就是书写汉字时笔画先后的顺序。

笔顺的基本规则：

先横后竖，如十、干、丰。

先撇后捺，如人、八、义。

先上后下，如三、呆、高。

先左后右，如川、衍、做。

先外后内，如月、同、匀。

先中间后两边，如小、水、办。

从外到内最后封口，如回、目、国。

以上规则并不能概括所有汉字的笔顺。为了实现汉字笔顺标准化，1997年4月，国家语言文字工作委员会和新闻出版署联合公布了《现代汉语通用字笔顺规范》，规定了7000个通用汉字的规范笔顺。国家语言文字工作委员会于1999年10月1日发布，2000年1月1日实施的《GB13000.1字符集汉字笔顺规范》规定了其中所收的20902个汉字的笔顺规范。

4. 造字法

笔画和部件是从汉字的外形来分析汉字系统的结构，而造字法则是从部件的功能角度来分析汉字的结构，可以说是一种内部结构分析。

汉字的造字方法一般来说有4种。

（1）象形是描绘事物形状的造字方法。象形字表示的多是具体事物，有的勾勒事物的整体轮廓，如“山、水、日、月”等字的古文字；有的勾勒事物最有特征的一部分，如“羊、牛”的古文字。

（2）指事是用抽象的符号，或在象形字上加提示符号来表示某个词的造字方法。指事字有两种：一种是符号，如一、二、三、上、下等字；一种在象形字上加提示符号，如“本”是在象形字“木”的下部加一短横表示树根。

（3）会意是用两个或两个以上部件组合成新字，这些部件的意义合成新字的意义。同体会意字，如森、炎、鑫、磊、从。异体会意字，如休、武、伐、取、臭。

（4）形声是由表示字义类属的部件和表示字音的部件组成新字。这种方法既可以表示具体事物或行为，又可以表示抽象概念；既有表意成分，又有表音成分。在汉字发展史上，形声的出现，意味着汉字的成熟与完善。现行汉字中形声字占 80%，就说明了这一点。

形旁与声旁的位置主要有以下几种。

左形右声，如江、河、购、语。

右形左声，如雅、劲、战、群。

上形下声，如孟、芳、竿。

下形上声，如盂、贷、架。

外形内声，如围、园、匣、匪。

内形外声，如问、闻、辩、哀。

形占一角，如疆、颖、修。

声占一角，如徒、旗、施。

二、汉字教学的意义

汉字源于图画，汉字的特点决定了它的重要性。汉字不同于拼音文字，在英语中如不知道一个单词的意思，可以猜出来发音；而如不知道一个汉字的发音，可根据上下文猜出意思，因此汉字是属于表意体系的文字。此外，汉字的字形在外观上是一种全方位、立体组合的方块结构。汉字有上下、左右、内外等各种组合。在内部结构上，汉字可以分为独体、合体两大类。书写时，汉字可以由笔画组成偏旁、部首，再组成汉字，所以要想学好汉语就必须学好汉字。另外，外国学生要想运用汉语进行交际，就必须加大汉字的输入量，而这很大一部分是需要通过阅读报刊、书籍等进行的，都离不开汉字。如果是来华留学生在中国生活，各种招牌、标语等也是汉字书写的，是很好的学习材料。

虽然对外汉语的汉字教学十分重要，但是，我国目前的汉字教学现状并不好。近年来，我国对外汉语教学已经有了长足的发展，取得了令人瞩目的成绩。然而毋庸讳言，我们的教学方法还存在许多问题，教学效果还远不能令人满意。其中，突出的问题是汉字教学，它滞后了整个对外汉语教学的发展。外国学生在识记汉字方面花费了大量的时间和精力，但收效不大。汉语难学，汉字尤其难学，几乎成为举世公认之论。

造成此现状的原因是多方面的，有汉字本身的，也有教学方法上的。汉字本身数量巨大，结构复杂，笔画繁多。汉语和汉字的历史演变破坏了汉字的构形理据。汉字多音多义且字多，近似发音字多，同音字多，还有繁简体的差异。对于外国学生来说，汉字是表意文字，无法从字形直接拼读，学生常记不住汉字的读音。这些客观状况会让学生产生畏难心理，从而对汉字学习失去兴趣。

三、汉字教学的原则

正是因为对外汉语中汉字教学十分重要，但是目前又有很多不尽如人意的地方，所以，我们在教学中应当遵循如下原则。

（一）因材施教，分类指导

学习汉语的人群一般可分为两类：属于汉字文化圈的人（日韩等亚洲国家）和属于非汉字文化圈的人（欧美国家）。由于他们对汉字的接触以及熟悉程度不同，应当采用不同的教学方法区别教学。

1. 没有汉字背景的学生

（1）激发学生的学习兴趣，克服畏难心理

可以通过介绍汉字的起源，让学生了解汉字是怎样一步步演变到今天的，汉字最初的形状是怎样的，是如何表达意思的。学生了解了汉字的起源，也就消除了对汉字的疑惑感，会了解汉字包含的文化内涵，产生学习兴趣。所以，每次教汉字时可以选几个合适的汉字让学生猜一下古义，坚持一段时间，学生会对汉字的表意组合产生一定的兴趣。在这个基础上，讲解一些常用部首的意思，学生就会容易理解。

（2）介绍字形与字音、字形与字义的关系

让学生理解音义关系，打消畏难心理，也为汉字的记忆提供更多的提示线索。在教学实践中，可以从象形字入手，在学生已掌握的字的基础上，以一个字为例，先让学生发挥想象或联想，并通过一定的引导，得到的答案可能有很多种，先解释正确的答案并鼓励答对的同学，然后将其他答案与正确答案进行对比，可以使学生在同一时间了解一些字形相近的字。

（3）运用一定的教学方法

人们在学习外语时，会不自觉地将外语与自己的母语联系起来或进行对比，母语的迁移在外语学习中影响巨大，尤其是成人。因此，可以在汉语与学习者的母语之间找出一些共同点，而后建立一定的联系，那么取得的教学效果会更好。

例如，英语是由字母构成的，而汉字是由偏旁、部件构成的，所以我们可以引导学生，将汉字的偏旁部件与英语的字母相类比，汉字整字与英语单词相似，一些汉语合成词与英语的合成词相似。

2. 有汉字背景的学生

（1）汉字强化配合语音教学

有汉字背景的学生对汉字的笔画并不陌生，汉字与其母语的文字在书写方式上也类似。日语的平假名就是由汉字的草书演变而来的，如“め”是由“安”的草书演变的，“い”是由“以”演变而来的。片假名则是汉字的部件，如“エ”等。韩语文字也是方块结构的，在书写练习上相较无汉字背景的学生来说要简单得多。但由于语言的不同，相同的汉字读音不同，哪怕只是细微的变化都会影响汉语中的发音，如“夜”字在日语中读为“yolu”，在韩语中读为“ya”。因此，在对这些学生进行汉字教学时，应当以教授汉字在汉语中的发音为主，在练习语音的过程中强化对汉字的记忆。

（2）加强同音字和形声字的教学

在汉语中，同一个音节可以有多个与之对应的汉字，这就使得汉字中有许多同音字，在这些同音字中，形声字又占了多数，因为它们具有相同的声符，如“密、蜜、泌、秘”。形声字的形旁能够解释一部分意义，为汉字记忆提供帮助。在 3500 个常用汉字中，有 2522 个形声字，有 167 个义符，其中有效表意的占 83%，直接表意的占 79%，间接表意的占 4%，不能表意的占 17%。从这个数据可以看出，汉字声旁的表意功能是很强的。

因此，对有汉字背景的学生，可在进行一定的读音教学的基础上，重视形声字形旁的表意作用，可以让学生通过形旁来了解字义，加深印象，明白造字理据，从而进一步了解它们的意义和用法。

（二）以部件为中心实施汉字教学

部件教学是目前对外汉语教学中比较行之有效的教学方法，部件教学可以让学生明白汉字各部分的关系，也可以减少学生记忆的数量。

在教学中坚持部件教学，可提高学生对汉字与部件、部件与部件之间关系的熟悉程度。可以通过两个练习达到这个目的：一是汉字拆分练习；二是汉字组合练习。

1. 汉字拆分练习

汉字拆分练习就是让学生把汉字拆分成几个部件，如“剧”可以拆分成“居”和“刂”。通过练习使学生能够从整体到部分的角度来认识汉字，并能够理解汉字的组成，正确地拆分汉字。做这个练习是有层级的，有的汉字做一层拆分就够了；有些汉字需要做几层拆分。之所以按层级拆分，是因为汉字拆分不只是要熟悉汉字整体和部分的关系，同时要记忆汉字书写，如果拆分得太简单，很可能有些部分笔画依然繁多，不利于记忆。如“懂”，做第一步拆分后，“董”依然比较难记，需要做第二步的拆分，将它拆分成“艹”和“重”。可以说，第一层拆分主要是为了让学生认识汉字是由部件构成的，特别是了解形声字形义、形音的关系。如“懂”的形旁“忄”表示心理活动，声旁“董”表示声音，和“懂”的发音完全一样。第二层的拆分主要是为了书写和记忆：“重”是一个独体字，比较容易记，将“董”拆分成“艹”和“重”更符合部件教学的要求和特点，能够减轻记忆的负担。例如：

剧：居刂（一层拆分）

尸 古刂（二层拆分）

懂：艹 董（一层拆分）

忄艹 董（二层拆分）

2. 汉字组合练习

汉字组合练习就是老师将汉字拆开，打乱顺序，让学生将其重新组合成字。如老师写出“宀”和“玉”，让学生将其组合成字，这对于刚接触汉字的学生来说，并不是简单的事。通过此练习可以让学生熟悉汉字各部件之间的关系，感受汉字部件之间的组合规律。汉字的各个部件出现的位置不是随意的，有一定的规律，如“氵”“亻”作构字部件时常位于最左侧。

应当注意的是，汉字教学的基本工作必不可少，汉字是一笔一笔写出来的，并不是直接用部件拼成的，因此我们并不排斥基本笔画的教学，这些笔画的书写方式是一定要讲解和练习的。另外，汉字的书写笔顺也是教学的一个重点，书写笔顺的演示是以笔画为基础的，这与我们的教学方法和理念并不冲突。

第四章 中国文化教学

第一节 文化教学的重要性和必要性

在有关文化教学的讨论中，尽管在文化教学的性质和任务、文化教学的原则和方法等问题上，看法不一致，有争论，但是在语言教学中要不要有文化教学，大家的看法基本是一致的。谁也没有否定文化教学的必要性和重要性。这种必要性和重要性，主要表现在以下几个方面。

一、语言与文化的关系是“水乳交融”和“血肉相依”的关系

语言是人类最重要的交际工具，又是文化信息的载体。跟索绪尔所说的能指和所指是事物的两面一样，文化信息与其语言载体也是同一事物的两面，是不可分离的。

从文化语言学的角度看，语言与文化的关系也是密不可分的。下面，我们摘引一些学者对语言与文化之间关系的论述：

复旦大学中国语言文学系游汝杰教授在《语言学与文化学》一文中指出：如果说文化是人类历史上的积极创造，那么语言就是原始人类最重要的创造。语言显然可以包括在“文化”之内，不过语言在文化中占有特殊的地位。它不仅是文化的组成部分，而且是人类文化诞生和发展的关键，又是文化传播的工具。所以可以把它独立出来，研究它跟文化的关系，也可以把语言学从文化学中独立出来，研究它跟文化学的关系。

游先生认为语言是文化的组成部分，在文化中占有特殊地位。也就是说语言本身就是文化。

华中师范大学邢福义教授在《文化语言学》一书的“序”中，对语言与文化的关系，作了如下说明：语言是文化的符号，文化是语言的管轨。好比镜子或影集，不同民族的语言反映和记录了不同民族特定的文化风貌；犹如管道或轨道，不同民族的特定文化，对不同民族的语言的发展，在某种程度、

某个侧面、某一层次上起着制约的作用。当然，严格地讲，语言和文化不是一般的并列关系，而是部分与整体的对待关系，或者说，是点面对待的一种特殊的并列关系。文化包括语言，语言是文化中一种特殊的文化。我们研究语言与文化之间的符号与管轨的关系，立足点是它们之间的点面对待的关系。

邢先生认为语言与文化的关系是符号与管轨的关系，又是点面对待的关系。在“序”的开头，他说：“语言与文化关系之密切，也许可以用‘水乳交融’来形容。”

暨南大学邵敬敏教授则认为：语言不可能既是文化的工具，又是文化的有机组成部分。语言与文化相互交叉，相互渗透，形成血肉相依的关系。但是，它们毕竟是两码事。语言是文化的最重要的载体之一，文化是语言最重要的属性之一。语言与文化的产生并非同步，它们的发展也不并行，而且它的各自的内涵与外延也不相同，因而它们既不是并列关系，也不是点面关系，而是两者局部交叉渗透关系。

这三家，对语言与文化的关系，看法有所不同，但有一点是相同的，是“水乳交融”也好，是“血肉相依”也好，总之都认为二者密不可分。

因此，从语言与文化的密切关系看，学习一种语言，同时也就在学习一种文化。作为符号或载体的语言不可能没有其所表达和负载的内容；人也不可能只学习内容的物质载体而抛开内容。

二、语言与文化的关系是基础与依托的关系

为全国人事管理干部业务培训讲座编写的教材《大学生的培养与使用》一书，对外语类专业的性质和任务作了这样的说明：“外语是研究某个国家、民族、地区的语言、文学和文化的基础学科，外语类专业是教授外国语言、文学和文化等课程，培养从事翻译、教学、研究、管理工作的外语高级专门人才的专业。”这是高等学校本科专业目录中对外语类专业概括性的说明，这基本上反映出外语类专业的性质和任务。

外语类专业是具有基础学科性质的专业。它是以语言作为基础，以文学、文化为依托的。对任何一个国家的社会、经济、文化等的研究都离不开这个国家的语言，都须建立在语言的基础上。同时，离开文学和文化的背景，外语专业也就失去了依托，也就无从学起。

认为外语类专业是以语言为基础，以文学和文化为依托，是科学的，也是符合实际的。既然语言与文学和文化是基础与依托的关系，在外语教学中必须有机地结合起来，二者不可缺一。因为，不重视语言教学，就会失去基础，也就谈不上外语教学；不重视文学和文化，则会失去依托，就无从学起。

没有依托的基础和没有基础的依托都是不可能存在的。

另外，在外语学习中，语言学习和文化学习是互相补充、互相促进的，而不是相互矛盾的。

在北京召开了有25所高等外语院系代表参加的英语专业高年级教学座谈会，代表们认为：学生在升入高年级时，语言的掌握并未完全过关，有待进一步巩固与提高，所以必须开设语言实践课，如精读课、写作课。但文化知识不够也会反过来影响语言水平的继续提高，因为一个民族的语言总是反映和表达这个民族的文化的。不学文化，语言也很难真正学通。同时一个大学也不能只是对学生进行语言技能的训练，而应使他们具有文化素养。如果处理恰当，这两类课程不会互相矛盾、互相削弱，而是可以互相补充、互相促进的。

上述论述，有两点意见很中肯，也很重要。一是认为不学文化，语言也很难真正学通；二是认为进行文化教学是素质教育的需要，要使我们所培养的对象具有一定的文化素质。因此，在外语教学中，文化教学不是可有可无的。

总之，在外语教学中，语言是基础，文学与文化是依托；语言学习和文化学习是互相补充、互相促进的，而不会互相矛盾、互相削弱。

三、学习中国文化是学生的要求

外国学生学习汉语，无论是在他们的本国学习，还是来中国学习，都希望了解中国。要了解中国，除了学会汉语，还要学习中国文化。来华学习的外国留学生，无论是出于什么动机，不管是旅游、经商还是学习专业，都需要学习中国文化知识。

中国实行改革开放之后，海外华侨和华人的子弟来中国学习的人数逐年增加。在海外，华文教学也正在蓬勃发展。华侨、华人子弟学习汉语跟外国人有相同之处，也有所区别。他们对中国文化的学习有特殊的要求。为了说明问题，这里用稍长的篇幅来介绍这方面的情况。

在不同的历史时期，华文教学的性质不一样。老一代华侨和华人的华文教学，属于母语教学的范畴。他们最初旅居海外时，都已学会母语，只是可能说的是方言或不识字。他们在海外学习华文，接受华文教育，性质跟国内的语文教学是相同的。当前的华文教学则不一样。在海外出生的华侨和华人的后代，会说汉语的人不多。他们的母语已是当地的语言。他们学习华文，从学习性质上看，跟外国人学习汉语没有什么区别，都是第二语言的学习。

华文教学跟外国人的汉语教学，又有些不同，主要表现在学习目的和学习内容上。从学习目的看，一方面是为了实用。在中国经济开始腾飞之后，汉语的实用价值大大提高了。学习汉语跟华侨和华人子弟的事业和生活有着密切的关系，他们需要汉语。另一方面，他们学习华文，是为了继承中华民族的文化传统，这种愿望在老一代华侨和华人身上表现得更为强烈。

爱国华侨蚁美厚先生在《解缆扬帆顺风相送——为方兴未艾的“华文热”说几句话》这篇文章中说：

“代沟”问题，本来是社会发展历程中必然会出现的现象。但这个问题对于老一辈人来说觉得是个忧心忡忡和无限感叹的问题。特别是老一辈华人、华侨与身边的儿子、孙子的“代沟”更为突出。老人总感到“不是滋味”，如果光是思想意识、情趣爱好和生活方式的差异而形成的“代沟”那还好说，最苦恼的莫如儿子、孙子既不懂华文、华语，甚至连乡音都不懂了！老一辈华人面对这种情况，最感惶惑。老一辈华人、华侨面对“华文热”，振奋欣喜之情溢于言表。他（她）们希望在“华文热”的熏陶下，后一代能学懂华文、华语，再通过“寻根问祖”，了解家乡故国的历史和现状，懂得和接受中华民族的文化，激发“后土”之情。

这些话是很感人的，它真切地道出了老一辈华人、华侨的心声，也说出了为什么要坚持华文教育的原因。

进入20世纪90年代，华文教育出现了一种新的情况。自改革开放以来，我国有大批留学人员通过各种渠道到国外留学。为数不少的人已在国外工作或仍在学习，在美国的最多。其中不少人身边已有子女，学龄儿童已接受主流社会的教育。家长们希望自己的孩子能学习汉语，继承民族文化传统。在美国的留学人员依靠自己的力量办起了“希望中文学校”，成立了汉语教学协会。他们派代表回国，向教育部门汇报情况，希望得到支持和帮助。曾参观华盛顿和洛杉矶的几所“希望中文学校”，听了几节课，跟教师、家长进行了座谈。在座谈中我们强烈地感受到留学人员对下一代的殷切期望。他们希望自己的孩子能在当地扎根，进入主流社会，参与竞争并有所作为。同时他们希望下一代能继承本民族的语言和中华民族的文化传统。他们认为，不继承民族文化传统，将来不可能参与竞争。他们希望自己的孩子能为自己民族的文化而感到自豪。因此他们把学校命名为“希望中文学校”。

新加坡的李光耀先生更从民族学、文化学和哲学的高度来阐述华人开展华文教育的必要性和迫切性。他曾说过：

如果我们放弃双语政策，我们就要准备付出巨大的代价，使自己沦落成为一个丧失自身文化特征的民族。我们一旦失去了这种感情上和文化上的稳定因素，我们就不再是一个充满自豪的独特的社会。相反的，我们将成为一个伪西方社会，脱离了我们亚洲人的背景。

李光耀先生呼吁保留华人核心文化价值观。他说：

我们的历史不是在祖先初到新加坡时才开始的，它早在5000多年前中国文明创始时就开始。这段历史是我们历史的一部分，因此我们继承了这个系统和文化。

他说这些文化价值观帮助新加坡成功。他又说："我本身有这种经验，所以很重视维护华族新加坡人的文化价值观。"

综上所述，华文教育的目的既为了实用，又为了继承中华民族的文化传统，因此中国文化教学在华文教育中有着十分重要的地位。

根据这些情况，对来华学习的华侨、华人子弟，我们是否应该考虑他们的特殊情况和特殊要求，更加重视向他们介绍中国文化知识呢？

四、从培养语言交际能力的要求看，除了熟练掌握语言技能之外，还必须具有所学语言的文化背景知识

上面，我们只是一般地从原则上说明在外语教育中文化教学的重要性和必要性，在具体教学中，我们要把两种不同性质的文化教学区别开来。一种是外语教育中为学生设置的文化课的文化教学，一种是语言课内的文化内容或文化因素的教学。

文化课的文化教学以传授文化知识为主要目的，教学方式主要是教师讲授，而不是学生的技能训练。语言课内的文化内容或文化因素教学，主要目的是培养学生的交际能力，教学方式是跟语言技能训练和交际能力的培养紧密结合，而不是知识讲授。根据教学的特点和性质，前者属于理论教学的范畴，后者属于第二语言教学的范畴。

第二节　文化课的文化教学

一、国内外语类专业的文化课

国内外语类专业本科教育的目的十分明确，是"培养从事翻译、教学、研究、管理工作的外语高级专门人才"。根据培养目标，开设各种课程。主要课程有语言类、文学类和文化类三类，其中以语言类为主。文学类课程主要有所学语言国家的文学史和文学作品选读等，文化类的课程包括所学语言国家的政治、经济、历史、地理等各方面的情况。

现代有很多的文学和文化教材出版和着手编写。把这些教材综合起来看，

我们可以看到外语类专业文学和文化教学的一个概貌。

二、国外中文专业的中国文化教学

1949 年中华人民共和国成立之前，国外汉语教学的主要倾向是厚古薄今、重文轻语，汉语教学是为汉学研究服务的。汉学研究的重点是中国古代的文史哲，因此中国古代文学、历史、哲学的教学和研究是西方多数大学和研究机构的主要任务。中华人民共和国成立之后，西方跟中国的交往增多，知识界、学术界对现代中国的情况逐渐关注，于是大学中文教学的方向也逐渐在变，对现代汉语的教学和对现代中国的研究越来越重视。在中文系的课程设置中，现代汉语课的比例不断增加。不过，直到目前为止，中国文化课仍占相当的比例。下面我们简单地介绍一点这方面的情况。

（一）法国的汉语教学情况

《世界汉语教学概况》对法国的汉语教学特点做过如下概括介绍：

法国的汉语教学有一个突出的特点：现代汉语的教学取代了古代汉语的统治地位，对古代中国的研究已让位于对当代问题的探讨。如巴黎东方语言学院中文系的培养目标是："能说、能写中文、能了解中国现状和它在漫长的历史过程中所取得的人类经验的独创性的专门人才。"学生在一二年级，学习基础的现代汉语。

东方语言学院中文系的培养目标中有一条是要求该系毕业生"能了解中国现状和它在漫长的历史过程中所取得的人类经验的独创性"，为了达到这个目标，就要有相应的课程来保证。从所介绍的高年级课程来看，文化课占有相当重要的地位。

华东师范大学对外汉语学院院长吴勇毅先生对该系的课程设置有更详细的介绍，现将有关文化课的情况概述如下：

巴黎东方语言学院中文系的学制分两个阶段。

第一阶段的学制为 2—3 年，分"（汉）语言文化证书"和"单一东方语言文化文凭"两种。

"（汉）语言文化证书"学制两年，修 10 个学分。有 8 门语言必修课，占总课时的 80%。文化课 2 门，占总课时的 20%。

"单一东方语言文化文凭"，学制 2—3 年，修 20 个学分。语言课共有 13 门，占总课时的 65%。文化必修课有 3 门，占 20%。

另有 3 门自选文化课。所有的文化课共占 35%。

第二阶段，包括学士学位和硕士学位。

学士学位（四年级），学制 1 年，修 10 个学分。有 5 门语言必修课。学士学位有三个专业方向：语言文学、现代研究 / 国际关系、笔译 / 口译。专业方向不同，选修课也有所不同。选修课包括语言课和文化课，其中有指选课和自选课。

语言文学方向的指选课有 3 门：（1）中国古典诗词；（2）中国小说戏剧；（3）中国书法史；（4）现代汉语：笔头法译中（3、4 选其一）。语言课占 50%—60%，文化课占 40%—50%。

现代研究 / 国际关系方向，有 2 门课从下面 6 门课中选：（1）1945 年以来的远东国际关系；（2）现代中国的政治文化和思想；（3）中华人民共和国的对外政治；（4）中国经济；（5）中国法律；（6）中国现代历史文献。还有 1 门课从下面 3 门课中选：（1）法译中口译职业准备；（2）报刊阅读训练：政治、经济文章；（3）现代汉语：笔头法译中。语言课共占 60% ~ 70%，文化课共占 30% ~ 40%。

笔译 / 口译方向，从下面 3 门课中选 2 门：（1）中译法口译职业准备；（2）法译中口译职业准备；（3）现代汉语：笔头法译中。另 1 门课从下面 2 门课中选：（1）报刊阅读训练：政治、经济文章；（2）（科技）专业汉语：经济、科学、技术。语言课共占 80% ~ 90%，文化课占 10% ~ 20%。

硕士学位（五年级），10 个学分。

写一篇 150 页左右的论文，计 6 个学分。

1 门导师研究课（1 个学分），从下面 7 门课中选：（1）现代中国；（2）中国及华人社会地理；（3）古典文学；（4）汉语符号学；（5）远东现代国际关系问题；（6）现当代文学；（7）传统中国。除此之外，还有其他选修课。

（二）韩国中文教学课程设置举例

韩国的中文教育发展很快，开设中文系或中文科的大学，从 20 世纪 70 年代的十几所发展到 90 年代的 60 多所。这些学校都很重视中国文化教学和研究。我们从韩国外国语大学和高丽大学文科学院的课程设置中，可以看到中文教育的一些特点。

韩国外国语大学中文科，共开设了 41 门课，文学和文化类课共有 21 门，占总课程数的 51.2%。41 门课共有 87 个学分，文学和文化类占 49 个学分，占总学分的 56.3%。

文学和文化类课程有：中国文学概论、中国国情、经书讲读、现代中国文学、中国经济、中国政治、中国古代小说、中国近代史、中国楚辞、诸子讲读、中国戏曲、中国诗选、中国外交政策，等等。

高丽大学文科学院中语中文科，共开设10门专业必修课，文学和文化类共5门，如：中国古代文学史、中国现代文学史、中国近代文学史、中国古典讲读，等等。学分也约占一半。该校还开有50门专业选修课，文学和文化类有32门，占64%，学分也占60%多。这类选修课有：中国历代诗歌讲读、中国历代散文讲读、中国历代小说讲读、词曲讲读、经书讲读、诸子讲读、中国现代小说讲读、中国现代诗歌讲读、中国现代戏曲讲读、中国现代文学评论、中国现代作家论、中国现代文学特讲、中国当代文学作品讲读、民间文学概论、中国哲学史、中国近代哲学、中国现代史、中国最近世史，等等。（以上材料由延边大学汉语教学研究中心提供）

（三）日本中文教学课程设置举例

王顺洪先生曾对日本大阪外国语大学、关西大学和骏台外国语专门学校等三校的汉语教育进行了考察。他说："在蓬勃发展的汉语教育事业中，外国语大学中文系、综合大学的中文专业，还有汉语专科学校，发挥着支柱作用。从这三种不同类型学校的汉语教育，可以看到日本整个汉语教育事业的基本面貌和发展水平。"上述三所学校正分属于这三种不同类型。现将该文中有关课程设置和文化教学的情况摘录如下：

1. 从学科培养目标看

大阪外国语大学是专门从事外国语教育的大学，它的中国语学科，既重视对学生进行汉语基本技能（听解、会话、朗读）的训练，又重视汉语基本理论和中国文学、历史、经济、社会等各方面的知识传授。实用性、理论性、知识性结合，全面打好汉语专业的基础，使学生具备以汉语为工具从事某一方面工作的能力，是大阪外国语大学中国语学科的培养目标。因此，该学科的重心是在汉语语言学方面。

关西大学中国文学科，顾名思义，重视文学。汉语虽是其重要课程，但该学科的宗旨主要不是培养语言方面的人才，而是使学生在掌握基础汉语的基础上，学习中国的文学、哲学。该学科主要课程由中国语学、文学、哲学三方面构成，文学占的份量较重。

骏台外国语专门学校的目标是培养学生的汉语实用能力，特别是听说能力。这种实用汉语的教学方针，是日本各类汉语学校的共同特点，实际上沿袭的是日本由来已久的民间汉语教育传统。

2. 从课程设置看

大阪外国语大学：技能课43%，理论课26%，文化课21%。关西大学：技能课16%，理论课11%，文化课73%。骏台外国语专门学校：技能课

66%，理论课 11%，文化等其他课 23%。

国外高等学校中文教学的实际情况远比我们所介绍的多样复杂，上面所举的只是少数几个例子，我们不可能在这里全面介绍国外高等学校的中文教学。不过，从这些例子中也可看到一些主要特点：

（1）把国外中文教学进行历史地比较，可以清楚地看到，从总体上说，过去那种厚古薄今、重文轻语的倾向已有根本性改变，现代汉语教学和对中国现代情况的研究已大大加强。教学倾向的变化，是社会需求的变化所使然。

（2）教学倾向和研究的重点有很大变化，但高等学校的中文教育作为一种专业教育，对中国文化的研究仍然很重视。特别是在西方，一些有汉学研究传统的大学，仍然把对中国文化的研究放在十分重要的地位。

（3）不同的国家、不同的学校，培养目标不完全一样，课程设置也有很大的差别。日本三类不同的学校很有代表性。在世界范围内基本上也有这种区别：有的学校重点在实用汉语的教学，有的学校重点在汉语语言学，有的学校重点则在中国文学和中国文化。重点的不同，决定于国家的教育政策、社会对中文人才的需求、学校的培养目标以及教学传统。

（4）不论哪类学校，都要进行汉语和中国文化教学。培养目标和教学重点不同，语言课和文化课的比例也不同。

（5）中国文化课可以用汉语讲授，也可以用母语讲授。目前，多数学校还是用母语讲授，任务是传授中国文化知识。它跟语言课不是相同性质的课程。

三、对外汉语教学中的文化课

（一）中国概况课和开门办学

对外国留学生开设中国文化课其实是一个老问题，自有对外汉语教学就有中国文化教学。不过，在不同时代，文化课的形式有所不同。

20 世纪 80 年代以前，文化课有两种形式：一种是中国概况课，一种是开门办学。

在 20 世纪五六十年代，有对外汉语教学任务的学校，一般都给外国学生开设中国概况课，向他们介绍中国的政治、经济、地理、历史、社会等方面的情况，偏重于政治和当代社会的介绍。一般用学生的母语或媒介语授课。中国概况课不是必修课，学生自愿参加。

在对外汉语教学中，我们一贯注意不强加于人。中国概况课不仅让学生自愿参加，而且也很注意内容的可接受性。但是，中国概况课的内容不可能不带上时代的特点。另外，当时的中国概况课从政治方面考虑比较多，还没有从文化学的角度来考虑课程的性质和内容。之后，有的原来开设中国概况课的学校把这门课取消了；有的学校原来没有开设，现在反而增设了。这反映各校的教师对这门课的看法不一致。但总的来说，中国概况课还是受学生欢迎的。

20 世纪 60 年代，在对外汉语教学中提出了实践性原则，随之开设了语言实践课。语言实践课是在教师的指导下，组织学生在校内外进行语言实践活动，有计划地让外国学生接触社会，参加实际的汉语交际。在 20 世纪 70 年代，对中国学生实行开门办学，对外国学生也实行开门办学。于是，开门办学也就代替了原来的语言实践课。语言实践课也好，开门办学也好，主要是为了让学生在实际交际中学习汉语。因为开门办学要到工厂、农村接触社会，听介绍，跟中国的工人农民以及其他各界人士交谈，让他们具体地了解中国的现实。在这种意义上说，开门办学是另一种形式的中国文化课。尽管当时我们农村、工厂的条件并不太好，但学生很愿意去。外国留学生很喜欢开门办学。

（二）汉语专业教育中的文化课

从 20 世纪 50 年代初到 70 年代末，来中国学习人文科学类专业的外国留学生都是到我国高等院校有关专业人系学习。人系以前，汉语水平不够的，要接受汉语预备教育。

20 世纪 70 年代末，北京语言学院首先为外国留学生单独开设汉语言专业。到 80 年代中期，有条件的学校也效法北京语言学院的做法。到 90 年代中期，全国有 20 多所高等院校设立汉语言专业或汉语言文化专业。有的学校还在这两个专业下设立诸如经贸、旅游等专业方向。

各校都根据自己的具体情况，参考中文系和外语系的培养目标和教学计划，制订外国留学生汉语言专业和汉语言文化专业的教学大纲和教学计划。所开设的课程也大致有语言类、文学类和文化类。各校开设的这些专业都是自发的举动，在创办初期基本上是“各行其是”，在全国范围内没有统一的培养目标和教学大纲。20 世纪 90 年代中期以后，国家汉办开始抓这项工作，发动有关学校共同研究制订专业教育大纲。

（三）非学历教育中的中国文化课

非学历教育，如汉语预备教育、汉语短期教学等，在 20 世纪 80 年代以前，除中国概况课和开门办学外，很少开设专门的文化课。对中国文化教学的真正重视，开始于 80 年代。其原因，上面已经谈过，一是中国也出现了文化热，二是学生有学习中国文化的要求。另外，在短期汉语教学班增设中国文化课，也有提高学生学习兴趣的意图。

先拿短期汉语教学和各种汉语进修班来说，所开设的中国文化课大概有以下几种类型：

1. 文化语言课。教材以文化内容为纲，根据学生的汉语水平，用浅显的语言介绍中国文化。20 世纪 80 年代初北京语言学院编写的《中国文明浅说》就属于这类教材。使用这类教材进行课堂教学，基本上还是采用第二语言教学方式，主要还是语言技能训练，而不是知识的传授。实质上还是属于语言课，只是文化知识更加专题化和系统化。

2. 文化讲座课。讲座课内容多种多样，各校都根据学生的要求和教师的条件开设课程。在 20 世纪 90 年代，讲座课还突出了地区文化的特点，如山东讲齐鲁文化、湖北讲楚文化、江浙突出吴越文化、云南突出少数民族文化，等等。开设地区文化讲座，颇受学生欢迎。

3. 不少学校还开设了能体现中国文化特点的文化课，如中国书法、中国绘画、气功、太极拳、中国戏曲、中国民族音乐舞蹈，等等。

另外，从零起点开始的基础汉语教学，除用学生母语或媒介语授课的中国概况课外，开设用汉语授课的中国文化课，实际上有困难，所以基本上没有开设。有的教师作了另一种尝试，在基础汉语教材中加进了中国文化知识的内容。比如，《实用汉语课本》单列一个叫作“你知道吗？”的栏目，用外语介绍中国文化知识，内容有［（）内的数字表示第几课］：1. 汉语（1）；2. 汉字（2）；3. 汉语拼音方案（4）；4. 汉语方言分布（6）；5. 北京、上海、黄河、长江、长城（7）；6. 繁体字和简体字（8）；7. 少数民族和汉语（9）；8. 汉语字典（11）；9. 中国人的姓（13）；10. 亲属之间的称呼（14）；11. 中国教育（15）；12. 京剧（16）；13. 中国的茶（19）；14. 农历和主要节日（20）；15. 文房四宝（21）；16. 中国名著古典小说（22）；17. 汉语中的外来词（25）；18. 鲁迅和郭沫若（26）；19. 茅台酒（27）；20. 十二生肖（31）；21. 中国的气候（33）；22. 景泰蓝（34）；23. 中国行政区划（40）；24. 天安门（42）；25. 北京烤鸭（43）；26. 荣宝斋（47）；27. 中国历史上的主要朝代（49）。

这种做法，从各方面的反映来看，学生是欢迎的。特别是作为自学教材，它给学生提供了方便。

在 20 世纪 90 年代，无论是学历教育还是非学历教育，对中国文化教学的实践和探索，是有成绩的。从教师的角度看，介绍中国文化的积极性和自觉性提高了，对语言教学和文化教学关系的认识更加清楚了，在文化语言学和跨文化交际方面的理论水平也提高了；同时通过教学，教师自己对中国文化的认识也加深了。不过，中国文化教学还处在摸索阶段，全国还没有一个统一的计划和大纲，文化课的开设还带有一定的盲目性，也还有不少问题需要注意和研究。

第三节 语言课内的文化教学

语言课的主要任务，是通过听、说、读、写技能和语言运用能力的训练，培养语言交际能力。语言交际能力的培养，离不开一定的文化知识。所以，语言课本身也包含着文化内容或文化因素的教学。

语言课的文化内容或文化因素，概括地说包括三个方面：一是语言教材课文的文化内容；二是包含在词语和语言结构内部的文化因素；三是语言运用的文化背景知识，也即下文所说的语用文化。

一、语言教材课文的文化内容

语言教材的课文由编写者编写，或根据原文改写，或直接采用目的语文献原文。任何课文都有思想内容，都反映一定的社会生活。教材的策划者和编写者总是要通过课文传授文化知识。没有思想内容或文化内容的课文几乎是不存在的，除非是专门用来练习语言技能的语言游戏。

无论是中国文化课还是语言课，在内容取向上，都有许多经验教训可以吸取。下面谈几点看法。

（一）语言课和文化课的性质不同，所承担的任务也不同

语言课，属于第二语言教学范畴，主要任务是通过听、说、读、写等技能和语言运用能力训练来培养语言交际能力。交际能力的培养需要凭借一定的语言材料，正如上文谈到的需要有文学和文化作为依托。作为语言学习材料的课文，必然包含着思想内容，包含着文学或文化知识。学习者通过对课文的学习，在教师的指导下进行语言技能和语言运用能力的训练，自然而然地懂得和掌握课文的内容。反过来说，教师的主要任务是培养学生的语言交际能力，而不是系统地讲授文化知识。

文化课的主要任务是系统地讲授文化知识，而不是交际能力的培养。上面谈到，外国学生在中国学习，除中国概况有的学校用学生的母语或媒介语讲授外，一般的文化课都用汉语讲授，这就自然而然地使学生得到听力和阅读能力的训练。文化课有语言技能训练的作用，但不是该课程的主要任务。

总之，语言课不是文化课，更不是政治理论课或时事政策课。

（二）不同的课程要根据自身的规律办事

语言课的主要任务是培养语言交际能力，对语言材料——课文的选择，要考虑内容的正确性、健康性、多样性等；但更重要的还是要考虑交际能力培养的需要，如语言结构形式、词语、语体、风格、难易程度等方面是否适合作为语言教材的课文。教材的策划者，对教材课文有一个总体设计，但是一般不考虑某种知识的系统性。

文化课的任务是传授文化知识，所以要注意各类文化知识的系统性，要根据知识传授的规律来组织教学内容。当然，也要注意照顾学生的汉语水平。

总之，语言教材的课文有自己的特殊要求，不是只要思想内容健康就可以拿来作为语言学习的材料。文化课也有文化课的特殊要求，语言课不能代替文化课。

（三）要注意跨文化交际的特点

我们的教学对象是外国人。由于学生的生活环境和他们国家的政治制度跟中国不同，他们的政治观点、伦理道德观念、价值观念等，可能跟中国人有不同程度的差异，对一些问题的看法不会相同。在教学中，我们要充分注意在跨文化交际中的文化差异。

面对中外文化的差异，我们要注意两个方面的问题：

一方面，我们要坚持自己的原则。这个原则，就是正确而客观地介绍中国的现状和中国文化。坚持原则，要反对两种倾向：一种是民族虚无主义，一种是文化沙文主义。民族虚无主义会导致民族文化的虚无主义，把自己说得一无是处，迎合学生的不合理要求。文化沙文主义则认为自己的一切都好，拿自己的优秀文化跟人家的落后面去比较。这两种方向都会影响我们正确而客观地介绍中国的现状和中国文化。

另一方面，要充分考虑教学内容的可接受性。在坚持原则的前提下，我们要深入地了解学生想知道什么，而不能只考虑应该让学生知道什么。了解学生的愿望，知道学生的想法，明白文化差异的所在，我们就有可能做到既坚持原则，又使人容易接受。

我们有过不少经验教训。有不少课文，中国人认为是很容易理解的，而外国人不明白；中国人认为寓意深刻，而外国人觉得可笑；中国人认为是天经地义合乎情理的，外国人认为不合法；中国人认为是真、善、美，外国人则不以为然。这种情况，不仅存在于政治性很强的课文中，而且也存在于一些政治性不强的寓言故事中。举一个实际的例子。法国学生在上《东郭先生和狼》这一课时，课堂上出现了如下的师生对话：

学生：老师，这一课说明什么？

教师：这是一个寓言，说明对坏人不能怜悯、同情？

学生：谁是坏人？

教师：狼代表坏人。

学生：狼为什么坏？

教师：东郭先生救了它，它反而要吃东郭先生。

学生：那人还吃猪肉、吃牛肉呢。

其实不是学生不友好，而是由于文化观念的差异引起的争论。我们从中国的传统道德观念来诠释这个寓言，对吃人成性的狼是决不能怜悯的，恩将仇报更是天理不容。而学生是从生物学的观点来看问题，生物为了生存，饿了要吃人，并没有善恶之分。另外诸如《愚公移山》《白毛女》等课文，在教学中也未见得能收到我们预想的效果。所以，充分了解中外文化差异，充分考虑课文内容的可接受性是我们有针对性地搞好教学的前提。

此外，还有科学性、实用性、趣味性的问题，都是我们经常谈论的问题，也是课文选择的原则，这里就不展开讨论了。

二、汉语本身所包含的文化内容

除课文内容之外，语言课的文化教学还包括包含在汉语结构、词语和汉字中的文化因素教学。

上面谈到，语言与文化的关系是“水乳交融”“血肉相依”的关系。学者们认为，汉语本身储存着几千年来的文化积淀。不少语言学家对汉语和中华文化的关系进行过深入的研究，特别是20世纪80年代出现文化语言学以后，研究有了长足的进展并取得了令人瞩目的成果。不少汉语教师也用文化语言学、社会语言学、语义学和语用学等相关理论，来研究包含在汉语中的文化因素教学问题，发表了不少学术论文，从不同侧面进行了探讨。

罗常培先生的《语言与文化》是我国最早研究汉语与中华民族文化关系的专门著作。该书1950年由北京大学出版部出版。罗常培先生从汉语结构、语词和汉字中追寻中华民族的文化信息。他主要谈了六个问题：从语词的语源和演变看过去的文化遗迹；从造词心理看民族的文化程度；从借字看文化的接触；从地名看民族迁徙的踪迹；从姓氏和别号看民族来源；从亲属称谓看婚姻制度，等等。

邢福义先生主编的《文化语言学》上篇，从语言是文化的符号的角度，全面论述了语言中储存的文化信息、语言作为文化传播媒介在文化传播中的作用和语言对文化世界的影响。该书下篇从文化是语言的管轨的角度，阐述文化对语言的影响，如文化对语言系统和语言观念的影响、对语言发生发展的影响和对语言接触和融合的影响等。作者总的观点是：语言的发展变化影响文化的发展变化，文化的发展变化也影响语言的发展变化；语言是一种制度文化，语言是记录文化的符号系统，语言与文化相互影响制约。

邵敬敏先生在《关于中国文化语言学的反思》一文中谈到语言与文化的关系时，认为文化对语言的影响是不均等的。他说："好比阳光照射，阳的一面照得到，阴的一面则未必。反映在语汇（甚至包括文字）上最浓烈、明显、突出、集中，而在语音、语法上比较清淡；反映在言语的使用上比较显豁、典型，而反映在语言系统本身上则比较含蓄、隐蔽。"

文化语言学研究语言与文化的关系，从不同的角度和侧面揭示语言与文化相互影响和相互制约的规律。第二语言教学从文化语言学的理论中得到深刻的启示：学习第二语言不仅需要获得语言运用中的文化背景知识，而且需要了解包含在语言本身的文化因素。因为文化背景不同，这种包含在语言本身的文化因素，有可能会带来理解上的困难，成为语言交际的障碍。

基于这种原因，在对外汉语教学中，就需加强对包含在汉语中的文化因素的研究，注意汉语与外语中这种文化因素的差异。自20世纪80年代以来，这种研究取得了可喜成绩。不少学者和对外汉语教师，在学术刊物上发表了不少论文。

在语言教学中值得注意的语义文化有8个方面的内容：称呼、招呼和问候、道谢和答谢、敬语与谦辞、告别语、褒奖与辞让、忌讳与委婉以及詈语等。

上面所说的语义文化、语构文化和语用文化，都与语言交际有关。特别是语义文化和语用文化，跟语言交际的关系尤为密切，也更容易出现误解和交际障碍，所以有的学者称之为交际文化。对"交际文化"这种说法，有人同意，有人反对，这是学术研究中的正常现象。尽管提法不同，但大家都认为在对外汉语教学中应该注意汉语本身所包含的文化因素或文化内容的教学，而且所指的内容基本上是一样的。

关于语言本身所包含的文化内容的教学，应该注意两个问题：

第一，不要唯文化论。

语言与文化固然是"水乳交融""血肉相依"的关系，但语言与文化毕竟不能等同。语言自身还有自己的特点。在对外汉语教学中，我们要注意文化因素教学，但不能把什么问题都跟文化联系起来。我们注意的焦点是那些在跨文化交际中因文化差异容易带来理解困难和容易造成交际障碍的语言现象及其所体现的文化内容。邵敬敏先生的看法："语言的产生、发展、变化同文化当然有着密切联系，但是，除了文化因素之外，还有许多其他因素在起作用。不要过分夸大文化的作用，更不要采取‘唯文化论’的立场。如果试图对语言的每一种格式、每一种现象、每一种变化都要从文化中去寻找唯一的答案，那么，这种形而上学的思维方式将极大地妨碍我们去接近真理。”

邵先生讲的是文化语言学研究中需要注意的问题，属于文化语言学研究的方法论。但是，这些问题在语言教学中同样值得注意，在教学中不能把语言现象都归结到文化影响中去。

第二，要遵循语言教学的规律。

语言本身所包含的文化因素或文化内容的教学，是跟语言技能和语言运用能力训练紧密结合在一起的。在第二语言教学中，没有必要系统地讲授这方面的知识。

语义文化，在教学中点到为止。只要让学生知道词语所含的文化因素和所体现的文化精神就行了，不必大讲特讲。比如，告诉学生“爱人”是指配偶而不是指“情人”就行了，没有必要详细地讲解这个词的来源和逐渐被广泛使用的过程。在20世纪70年代，一位教师在语言课上讲“您”这个代词，他从这个词从哪个年代出现讲起，一直讲到现在怎么使用，花去一节课的大部分时间。其实只要指出在什么情况下用“您”就行了。

语构文化，只要告诉学生汉语的结构特点，让学生知道按什么格式造句就可以了，不需要讲授这些结构形成的心理特征或思维模式。

语用文化，融合在交际情境设计和话题、功能意念的选择之中，让学生在实际的交际情境之中知道应该怎么说话。对上面提到的诸如问候、告别、致谢等方面的特殊用语也只要简单说明就可以了，没有必要系统地讲解中华民族的不成文的社会文化规则。

总之，我们上的是语言课，而不是语言理论课。我们用文化语言学、语义学、语用学等学科的知识来指导语言交际能力的培养，更好地排除交际上的文化障碍，而不是讲解文化语言学、语义学或语用学等学科的理论。

第五章 汉语国际教育教学法举例

第一节 功能教学法

功能教法学是对当代汉语作为外语教学影响最大的教学法之一。该教学法认为，外语教学的中心任务是培养学生用外语进行交际的能力，让他们在目的语文化语境中实现有效的交际。主要教学原则是“教学内容安排以功能为纲，兼顾结构；教学过程交际化”。编制的《高等学校外国留学生汉语教学大纲（长期进修）》参照功能教学法理念，列出了“打招呼”“问候”“寒暄”“介绍”“感谢”等110项交际功能，为汉语作为外语教学提供指导；一些汉语教材的编写、课堂教学方法也体现了功能法的影响。

一、功能法的学科基础及主要理念

（一）功能法的学科基础

功能法又称“交际法”，是以语言功能和意念项目为纲，培养交际能力的一种教学方法。20世纪70年代起源于欧洲，兴盛于美国。它吸收了直接法、听说法的某些成分，从不同的学科流派汲取营养，形成了一个新的教学法流派。

功能法的心理学基础是人本主义心理学和20世纪60年代后期兴起的心理语言学。功能法强调以学生为中心，首先要分析学习者对第二语言的需要，教学内容和教学方法的确定都必须从学习者的需要出发。学习者学习外语并不满足于对语言形式的复述，而是倾向于习惯用外语来做事。所以，功能法对学习者语言形式方面的错误较有容忍度，即使是不完善的交际，也是有价值的，可以肯定的。

功能法的语言学理论基础是20世纪60年代兴起、70年代形成高潮的社会语言学。尤其是社会语言学家海姆斯的交际能力理论和功能主义语言学家韩礼德的功能语言理论和话语分析理论，以及威多森的语言交际观。

功能法的语言观与传统的结构主义语言观大不相同。瑞士语言学家索绪尔认为，语言是音义结合的符号系统，是一种社会现象，个人要服从于语言的社会规约。这里面尤其强调对语言符号本体的重视，强调对语言音义本体层面的关注。而功能法的语言观认为：语言是表达意义的系统，其基本功能是社会交际。语言形式与功能并不是一一对应的关系，而是交叉关系。语言学不应仅仅研究语言的形式，更要关注语言所完成的社会功能以及语言在人们社会交往中受到的制约因素。因此，第二语言教学的目的不仅要让学习者掌握语言规则、能正确地运用语言，更要掌握语言的语用策略，从而得体地使用语言。

语用学领域经常提及的观点是：同样的语言形式，在不同的语境中语用意义完全不同。例如“下雨了”这句话，在不同的语境中话语意义完全不同。在久旱之后说这句话，是欣喜；在久雨之后说这句话，是沮丧。功能法强调以语言功能为中心教授外语。

（二）功能法的主要理念

20 世纪 70 年代末，美国纽约州教育部门编写了《现代语言交际大纲》。这个大纲总结了功能法的主要内容。概括如下：

1. 外语教学的中心任务是培养学生用外语进行交际的能力，让他们在目的语文化语境中实现有效的交际。

2. 不强调采用语言学的途径教授现代语言，而是强调交际途径。不让学生孤立地记生词和语法规则，而是帮助学生在特定情景、特定话题中完成一项交际功能，注意力始终放在用目的语去“做什么”和“如何做”。

3. 在目的语文化语境中实现有效的交际，包括 4 个部分：功能、情景、话题和表达。而文化作为交际中的一个有机成分，决定持某种语言者特定语言行为模式的灵感，形成交际是否准确、是否有意义的重要因素，渗透于上述 4 个部分之中。

4. 学习成果的构成有 5 个部分：功能项目、情景项目、话题、熟练度和文化。其中情景项目又分听、说、读、写几个部分。听的部分如：与公共服务人员的对话；通过扩音器、电台、电视播放的信息；现场演唱或录音歌曲；通过电视、电影、电台等播放的有故事情节的节目。

5. 在听、说、读、写、文化 5 个方面都有具体的教学法建议。如文化方面，注意力要放在避免学生在称赞、问候、请假等日常生活场合出现文化上的错误或误解。让学生明白身份不同则语言不同。视线接触、体态语等都有文化含义。学生不仅要理解文化含义，还要应用它们。

除上述 5 点外，大纲还有考查点的安排、对教师的要求、具体的教学实施等。

（三）功能法的主要原则

1. 教学内容安排以功能为纲，兼顾结构

20 世纪 50 年代兴起的言语行为理论认为，“说话就是做事”。说话人通过说话来做事：断定、疑问、命令、描写、解释、致歉、感谢、劝说、祝贺等。言语行为的基本理念是：人类信息交流的最小单位不是语素、词语或语句，甚至不是符号、词语或语句这样的表意标记，而是言语行为，言语行为是说话人通过话语表达意义的基本功能单位。语言研究的重点开始由对语言形式本体的关注，转移到语言功能的研究。在外语教学领域，外语教学的内容选择上逐渐以结构（形式）为纲，转向以功能为纲。以功能为纲，也要充分考虑到语言功能与语言形式之间复杂的关系，应本着“急需先学”和“由易到难”的原则安排教学内容。

其实，功能法饱受诟病的地方也在于功能项目的难以确定，确定语言功能项目的标准是什么，以及如何科学地安排功能项目的教学顺序等，这些问题都需要加强研究。再者，功能的实施，最终还以语言形式为基础实现的，所以，语言形式的学习训练总是不可或缺的。

2. 教学过程交际化

功能法注重情景交际、情景练习，让学生在真实或类似真实的情景中完成一项交际功能。功能法教学内容多以对话形式展开，语境展示充分，在注意语言形式、功能的同时，还要充分关注语气、表情、神态等其他非语言要素。

在强调语言教学的根本目的的同时，注意教学过程的安排和设计，努力使外语教学过程的整个过程交际化，让学习者在交际活动中，在语段中使用语言以培养起交际能力。

3. 基本目的语和专业目的语兼顾

在学习基本目的语的同时，注意训练专业目的语。既满足学习者的一般学习要求，加强学以致用，提高学习者掌握目的语的水平；又使教学更具针对性和实用性，全面实现语言学习的目的。

二、功能法在汉语作为外语教学中的应用

功能法是迄今为止影响最大、最富有生命力的外语教学法流派，对我国

外语教学和对外汉语教学产生了很大的影响。国家汉办编写的《高等学校外国留学生汉语教学大纲（长期进修）》有详细的功能列表，列出了“打招呼、问候、寒暄、介绍、感谢”等110项交际功能。例如项目2，以“问候”这一功能为中心列出一系列的语言形式。

问候语	应答语
(称谓)+您好吗？	好、好
(某人)+好吗？	很好
你近来身体怎么样？	还好/马马虎虎吧
工作忙吗？	忙得很/还可以
过得怎么样？	马马虎虎/还可以/还好
对……习惯了吗？	已经习惯了/还不太习惯
辛苦了	没什么
请代我问候+(某人)	
问+(某人)+好！	

以功能法为指导编写的对外汉语教材也陆续面世，如《汉语会话301句》基本是以功能为纲编写的，这一点从目录可见一斑。《汉语会话301句》第一册目录：

第一课　问候（一）　你好
第二课　问候（二）　你身体好吗
第三课　问候（三）　你工作忙吗
第四课　相识（一）　您贵姓
第五课　相识（二）　我介绍一下儿
第六课　询问（一）　你的生日是几月几号
第七课　询问（二）　你家有几口人
第八课　询问（三）　现在几点
第九课　询问（四）　你住在哪儿
第十课　询问（五）　邮局在哪儿
第十一课　需要（一）　我要买橘子
第十二课　需要（二）　我想买毛衣
第十三课　需要（三）　要换车
第十四课　需要（四）　我要去换钱
第十五课　需要（五）　我要照张相
第十六课　相约（一）　你看过京剧吗
第十九课　迎接（二）　欢迎您
第二十课　招待　为我们的友谊干杯

每一课完成一个言语事件，几课系连成一个更大的单元，每个单元构成一个言语模块，彼此前后照应。随着使用目标语能做的事越来越多，学习者的汉语交际能力就越来越强。

在具体教学过程中，功能法也有自己的操作模式。如生词“舅舅”的教学，用功能法教学该怎么设计呢？教学本身应该就是一个交际过程，这个过程既让学生了解“舅舅”这个词的意义，同时也是对这个词运用的训练。

比如：

师：××，你有舅舅吗？

生：有。

师：请你告诉我，舅舅是妈妈的……

生：是妈妈的哥哥。

师：××，你有舅舅吗？

生：有。

师：请你告诉我，舅舅是妈妈的……

生：是妈妈的弟弟。

在串讲课文时，功能法也是尽量形成师生互动交流的问答形式，课堂教学形式本身就是一种交际交流过程。

三、功能教学法教学案例赏析

我们欣赏的是北京语言大学杨楠老师初级口语课《旅行计划》的教学录像。12 个大学生，总共用时 72 分钟。

（一）第一部分

杨老师用 7 分钟左右的时间导入新课。占本课用时的 1/7。（黑板左侧悬挂一份中国地图，右侧是本课生词表。）

上课伊始，老师拿出手里的图片，依次展示给学生，让学生辨认上海、西安、哈尔滨、三亚四个地方，并分别把图片钉在地图的相应位置上。在学生辨认图片的同时，与学生讨论对这个地方的印象。如：

师：谁知道这是哪儿？

生 A：上海。

师：呵呵，对，上海。请你把图片挂在地图上。

生：（把图片钉在地图上海的位置上）。

师：谁去过上海？

生 B：我去过。

师：你去过上海，那你介绍一下吧？

生：我没去过那儿的名胜古迹，可我去博物馆了，挺有意思的。

师：好的。谁知道这是哪儿？（老师举起另一张图片）

生：是西安……是兵马俑。

师：对，是西安，谁知道西安在哪儿。

生 C：（把图片挂在地图西安的位置上）。

师：好，谢谢。谁去西安旅行过？跟我们说说。

生 D：呃，我去年去过西安，看过兵马俑，呃，我很感动，因为是我第一次看过这样的东西。真的很有意思。

用这样的方法老师和学生依次交流了对哈尔滨、海南以及三亚的认识，比如哈尔滨在中国的北方，冬天很冷，有冰灯、冰雕；三亚在中国的南方，很热，有很多热带水果等。然后，老师又问学生还去哪儿旅游过。学生们自由地说到去过成都、兰州、天津等。

赏析：上课伊始，教师设计了一场愉快自然的交流，关于对中国名胜古迹的辨识和体认。这个设计有几个亮点：一是紧扣学生自身经验，是真实的交流；二是这个交流紧扣刚刚学过的内容，并为新课的学习预热；三是整个交流自然和谐，无生硬的训练痕迹。从学生的反映，课堂的轻松氛围可以看出，学生们很愿意参加这样的交流。

另外，杨老师的语速自然，就是中国人日常口语交流的语速，没有因为是初级阶段就放慢语速的考虑。而且，在对话中，运用的口语词汇、语气词、磋商语气等，都表现得极其接近自然口语。

（二）第二部分：新课学习

1. 生词学习

（1）生词领读：教师泛读、领读、学生齐读、学生单读、顺读、跳读等。

（2）讲解生词：

正好

师：大家看，老师穿的衣服，怎么样？肥不肥？

生：不肥。

师：嗯，不肥也不瘦。那长不长？

生：不长。

师：嗯，不长也不短。

师：好，听老师说：“老师穿的衣服正好。”

生：老师穿的衣服正好。

师：现在你有一个问题，想去问麦克，哎呀，很着急。就在这个时候，你很想问，很需要他的时候，麦克来了。你就说："麦克，你来得正好。"

生：麦克，你来得正好。

具体

师：刚才有人说，去上海玩过。好，司马克，上海好玩吗？请你说具体一点

司马克：呃，新天地有很好的饭馆儿。

师：很好，就是这样。跟我说："你说具体一点儿。"

生：你说具体一点儿。

从来

师：刚才我们说到哈尔滨，大家都说了，哈尔滨是非常冷的，怎么冷，你们知道吗？那儿最冷的时候多冷？你们知道吗？

生：零下三十多度。

师：好了，那么，你们去过那么冷的地方吗？

生：没去过。

师：比吴迪去过吗？

生：没去过。

师：啊，没去过，一次也没去过。那我们说："我从来没去过那么冷的地方。"

生：我从来没去过那么冷的地方。

……

赏析：

生词的学习重视运用，很好地贯彻了"以练代讲""精讲多练"的原则。通过对话（如生词"正好、具体、从来"的讲解）、图片（冰雕、冰灯）、多媒体（展示"冬泳"的图片）、实物（展示"菠萝、芒果、T恤衫"等实物）等各种方式，启发学生对生词词义、用法的感知。对于外语教学而言，生词的难点不在于对词义的理解，而在于正确运用。像杨老师这样重视在具体语境中教授生词，让学生在生动自然的情景中掌握生词意义和用法，值得借鉴。

本课共有 20 个生词，生词讲解时间大约 12 分钟，占课程用时的 1/7 多一些。全部讲解都是在教师与学生的对话、问答中进行的。生词教授本身也是一个真实的交流过程。

我们还发现，即使是看似简单的生词教学，也要有准备、有设计、有智慧。生词表都是有顺序的，但是按照什么样的顺序讲解，却很有玄机。当然，最省力的方式就是按照生词表的顺序讲下来，但有的老师按照动词、名词分

类，从搭配的角度讲解；有的老师按照实词、虚词分类，对照着讲解；有的老师按照自己编织的话题安排讲解顺序，使得生词讲解变成一个连贯的对话故事。

杨老师生词讲解的顺序，是按照话题的需要来安排的。比如：生词表 8 是“胆量”，9 是“冬泳”。杨老师在讲解 6“……极了”的时候，说到“哈尔滨的冬天冷极了”这样的句子。然后接着打出幻灯片“冬泳”图片，让大家了解学习“冬泳”这个词之后，自然引出“大家有没有胆量试一试冬泳？”这样，教师与学生交流的思路是顺畅自然的，生词的理解也很容易了。整个课堂的气氛自然舒适，如行云流水一般。

所以，这就是功能教学法在生词教授过程的典型思路和程式。看似简单，却需要教师有开阔的思路和充分的准备。

2. 课文学习

首先教师范读课文（用图片在左右手代表人物进行对话），注意人物、表情、语气等的变化。范读后，老师用问话的方式让学生大致了解对话的内容。

如：

师：这两个对话的人是谁？

生：玛丽和麦克。

师：谁想去旅行？

生：玛丽。

师：玛丽想去哪儿？

生：三亚和哈尔滨。

师：麦克建议她去哪儿？

生：三亚。

师：那玛丽今年想去哪儿旅行？

生：三亚。

然后，老师领读课文；老师和学生齐读；读完了，教师与学生讨论课文内容；主要是问答的形式。

师：快放寒假了，玛丽有什么计划？

生：玛丽想去旅行。

师：她都想去哪儿旅行？

生：哈尔滨和三亚。

师：哈尔滨冷不冷。

生：很冷。

师：那麦克为什么要建议去哈尔滨？

生：那的冰灯、冰雕美极了。

师：呃，那这只是一个原因，还有呢？

生：他说："如果她有胆量，她可以去冬泳。"

师：这是第二个，还有呢？

生："如果她去哈尔滨，就知道什么是真正的冬天。"

老师领着学生一起复述课文内容；

然后要求两个同学一组互相练习课文对话；

接着请两名同学到黑板前面对话课文内容；

老师解决课文中的重要语法点；

接着一个同学一句接龙复述课文内容；

老师和同学一起概述课文内容。

这时候，老师说："下面，请一个同学，你是玛丽，请你说：我是玛丽，快放寒假了，我……"

学生从玛丽的角度叙述了自己的旅行计划、麦克的建议以及自己的决定。课文学习用时 41 分钟。占 4/7 的时间。

赏析：

课文的阅读方式灵活多样，有泛读、领读、分角色读、接龙读，还有复述、概述、转述等训练。既活跃了课堂氛围，又训练了学生多方面的语言交际能力。对课文内容的理解，由简单到深入，有层级性，有挑战性。

（三）第三部分：拓展训练

师：下面请你们两个人一组，自己商量一个假期旅行计划。一个同学想去旅行了，但是不知道去哪儿好。请你给拿个主意。我们已经了解了一些地方，你觉得哪儿好，就给他你的建议。

生问：老师，你是说中国？

师：对，我们就在中国旅行，我们先不去外国那么远的地方。

同学准备几分钟后，请两组同学到前面说说他们的计划，模拟讨论他们商量的过程。

然后，老师说："刚才是你们都准备了，那现在我不给你们准备时间，我请一个人到前面来，他要去旅行，我请你们大家都给他提建议。怎么样？最后，你听听有什么建议，然后决定去哪儿。"

一个学生到前面，与全班同学之间展开了新一场热烈的关于旅行计划的讨论。

课后要求：希望大家有时间多出去旅行，能用到我们今天学到的词和句子。这部分总共用时约 7 分钟，占 1/7 的时间。

赏析：

这部分拓展训练，充分显示了功能教学法的教学理念。有限的对话、课文学习和练习，是为了让学生以此为基础，形成对该语言项目的语言能力，能够应付目的语生活中类似的话语交际，准确表达自己的话语意图，实现和目的语人群的有效交流。

课后训练：打电话邀请朋友去吃饭。

第二节 任务型教学法

任务型教学法是 20 世纪 80 年代以来在第二语言教学界影响和争议较大的教学法之一。该教学法认为：教学活动应以学生为中心，教师设计具体的、带有明确目标的任务活动，让学生用目的语通过协商、讨论，完成任务，达到学习的目的，这样能最大可能激发学生学习外语的内在动力。教学模式是先设计任务、输入真实的语言材料，然后让学生分组准备回报，最后教师根据学生反馈的情况进行语言难点的总结训练。这种教学法在汉语作为外语教学领域，多是经过适当改造，取长补短，为我所用。

一、任务型教学法简介

任务型教学法是一种以任务为中心设计和实施第二语言教学的教学方法。最早产生于 20 世纪 80 年代的英国，代表人物有伯拉胡（Prabhu）、纽南（David Nunan）。理论依据是第二语言习得理论和社会建构理论。

任务型教学法的语言观是：“语言是一个复杂的交际系统；人们使用语言的首要目的是表达意义；发展语言能力绝非仅仅是掌握语法规则，而是发展用语言进行交际的能力；语言不是在真空中使用的，而是在一定的社会文化环境中使用；语言教学应该强调真实语境、真实语言素材。”

那么在外语教学层面，“交际任务”具体指什么呢？

“交际任务”是指课堂上学习者理解、处理、输出目的语或用目的语进行交流的各种学习活动。在这些活动中，学习者的注意力主要集中在表达意义上而不是在操练语言形式上。任务是那些主要以意义表达为目的的语言运用活动。

简单说，所谓任务就是指有目标的语言交际活动，它实际上是交际法的新发展。教学活动以学生为中心，教师设计具体的、带有明确目标的活动，让学生用目的语通过协商、讨论，达到学习目的。

纽南（Nunan）将课堂教学任务分解为教学目标、输入、活动、师生角色及环境等构成要素。

很显然，“教学目标”就是以任务形式存在的让学生达到的目标。学生要完成任务，必须借助目的语才能完成。“输入”是目的语的语言输入，可以是文字的，也可以是非文字的材料。“活动”是学生运用输入材料所做的事，可以以小组两人或多人一组为单位开展。

任务型语言课堂上，教师是任务的策划者和决定者，是导演，也可以是演员。学生是任务的执行者、活动的参与者，是自主学习者。任务型课堂环境应尽量真实，可放在实验室、校园等场所，使学生感到自然、真实。

概括来说，任务有三种类型：信息差任务、观点差任务、推理差任务。

“信息差任务”，是指交际双方拥有的信息不对称，因而，需要通过双方有效交流，获得对方的信息，以平衡信息差。例如，把一个故事分成前后两部分，分别告知两组同学，然后让他们互相交流，把故事构建完整，这即是一种信息差任务。

“意见差任务”也很容易理解，这种任务要求学生对某种情况表达自己的意见、态度等。如，关于周末去哪里玩儿，两组同学有不同意见，由此展开辩论，这即是一种意见差任务。

“推理差任务”，要求学生利用已有信息，通过演绎、推理等方式，推导出新的信息。教师要给学生提供原始信息，让学生推理出新的信息。

任务型教学法的初衷是以任务激发学生的学习动机，培养学生综合运用语言的能力。

二、任务型教学法的特点

（一）将真实的语言材料引入课堂教学过程中

课内的语言学习直接以完成课外的某项社会活动为目标，试图把课内的语言学习同课外的社会语言活动结合起来。先设定某一项任务，围绕完成任务的需要来确定学习哪些语言知识。所以该教学法非常重视引入真实的语言材料，如一段录音、一段新闻、一个电影片段等。

（二）意义优先原则

教学的重点是语言的内容含义，而不是语言的形式结构，因此课堂语言活动更接近于自然的习得。把学生的注意力放在如何完成任务上，放在语言意义上，因而对语言形式的偏误有较大的容忍度。

（三）以完成任务为评估标准

任务型教学法强调在做中学，强调用语言来做事。学生把学习的重点放在如何完成任务上，对教学进行评估的标准是任务是否成功完成。这些任务有的是模拟的，有的是真实的。

（四）重结果而不重形式

重视学生如何沟通信息，而不强调学生使用何种语言形式，要求通过用目的语来学会交际。这也是任务法容易招致诟病的地方。比如有学者批评说，一个人不说话，也能从超市买走一盒牙膏。

三、任务型教学法的操作方法

（一）任务法的三阶段模式

威利斯（Willis）提出了三个实施阶段：任务前，包括介绍话题和任务；任务轮，包括执行任务、计划和报告；语言焦点，即任务后，包括分析和操练。斯凯恩（Skehan）丰富、发展了威利斯（Willis）的三阶段模式。

具体而言，任务式教学法提出课堂教学的三个步骤如下：

1. 任务前

由教师引入任务：提供完成任务的词语、句型。

2. 任务环

a. 任务：学生执行任务。

b. 计划：各组学生做报告任务的准备工作。

c. 报告：报告任务完成情况。

3. 任务后

a. 分析：通过录音等形式分析小组执行情况。

b. 操练：在教师指导下练习语言难点、句型。

（二）任务型教学法在对外汉语教学中的应用例析

初级口语课教“自我介绍和互相认识”，用任务式教学法怎么设计？

第一步（任务前）：

交代任务：情景为开学第一天，两个人在教室初次见面，互相介绍自己。你要了解你的朋友的个人情况，并能向全班同学介绍。

语言准备：引导学生学习相关的词语和句型，为其提供完成交际任务所必需的语言基础。

相关词语：

请问、名字、国籍、学习、住址、电话、喜欢、觉得……怎么样。

相关句型：

“我叫……，我来自……”“请问你叫什么名字？你是哪国人？”“你觉得……怎么样？”……

第二步（任务中）：

确定分组：用抽签的方式将学生分成两人一组。

组内交流：小组内同学利用所学词语、句型互相交流，了解对方的个人情况，并记下来，准备汇报。

全班汇报：用自告奋勇的方式或抽签的方式各选出两三组在全班进行公开表演，作为汇报。

第三步（任务后，即语言聚焦）：

针对学生出现较多的语法错误进行集体纠错，重点练习“我叫……，我来自……”“请问你叫什么名字？你是哪国人？”等句式。

这一步可以使学生掌握最基本的会话和交流方式，而且这些语言形式又可以帮助他们认识更多的人，在交流中建立说汉语的信心。

（三）任务型教学法与功能法的关系

任务型教学法是在功能法的基础上发展起来的，基本原则一致。二者都强调学习语言是要学会用语言做事。

任务型教学法更重视任务，任务处于整个教学活动的中心地位，并以完成任务为评估标准。该教学法相信，当学生把注意力集中在任务之上，而不是正在使用的语言之上时，他们将学得更好。在用中学，在使用语言的过程中学会语言。

因此，任务型教学法趣味性强，重视交际策略；但效率低，可操作性弱。往往无法厘清语言教学和社会活动的关系。

功能法虽然也强调用语言做事，强调语言的交际性。认为交际性是语言教学的侧重点、切入点。例如，如果按照传统的语法翻译法的视角，语言教学的重点是语法，教学内容的安排宜优先考虑语法结构的难易，只是兼顾功能；而功能法强调语言功能优先，教学顺序的考虑是急用优先，打招呼、问路、打电话、吃饭等语言项目在外语教学中优先安排，兼顾语言结构。而且，功能法在具体教学语言要素、语言项目时重视整个教学过程的交际性。比较而言，在语言形式与语言功能矛盾关系的处理方面，任务法走得更远，更坚决。

对任务法指责最多的是，对语言输入的不重视。如果任务法能有效解决语言输入的准确性、有序性，会对我们的对外汉语教学有更大的促进。这也是大多数学者积极探索思考的问题。例如，吴忠伟撰文认为任务教学法可以考虑把传统的3P模式和任务教学法结合起来。所以，汉语作为外语教学层面，对任务型教学法宜取长补短，为我所用。

四、任务型教学法案例赏析

（一）背景交代

在汉语作为外语教学领域，用纯粹的任务型教学法教学的录像我们还没有看到，大多数都是改良了的加重了输入教学环节的仿任务型教学。在我们看到的教学视频里，华东师范大学对外汉语学院吴勇毅团队设计的《讲价四计》汉语课，有明显的任务型教学法的影响。我们拿来和大家一起分享。

该综合课是美国芝加哥公立教育局NSLI—Y项目课程中的一堂教学课。授课对象为达到汉语中级水平的美国中学生。

教学目标：帮助美国中学生了解并掌握在实际生活中利用汉语进行讨价还价的知识和技能。

整堂课分为两部分：第一阶段为讲授，第二阶段为任务活动。

（二）第一部分

讲授部分主要内容：

讲价四计：瞒天过海、苦肉计＋美人计、走为上计、破釜沉舟计。

主要讲授方法：讲授、操练（问答）、多媒体视频演示（动画短片）。

1. 课前导入（4分钟）实况简录

教师简单交代今天的学习目标：能用汉语进行讨价还价，学会讲价四计。然后教师带领学生学习中国人如何用一只手来表示1到10十个数字。学生饶有兴趣地跟着教师做，教师边做手势，边说明中国和美国手势不同的地方，尤其强调，如果到中国买东西，老板用两只手先后分别比划2和5，那就是25块钱，而不是7块钱。

然后，教师还提醒学生要知道中国人的幸运数字：6和8。因为在讲价的时候会涉及幸运数字。如果一样东西是100元，你可以跟老板说80块吧，老板问为什么？你可以说：8不是中国人的幸运数字吗？所以，80好了。

赏析：

本课程导入部分新鲜活泼，贴近生活，有浓厚的中国文化信息。而且教师在教学生做手势的时候，强调中美之间的不同之处。这个导入部分设计既简短又有用，在中国买东西讲价还价过程中会经常用到。

教师讲课用语以中文为主，但并不拒绝使用英文。尤其是关键词，有夹杂英文的情况。比如："warm up""lucky number"这样的词语经常出现。"今天上课之前我们先 warm up 一下""那你们知道中国的 lucky number 吗？"何老师整个教学过程的教学用语都有夹杂英文单词的情况（一般都是关键词），应该是一个特色。

2. 新课学习部分实况简录

教师多媒体展示：第四课：讲价。

然后教师首先向学生补充讲授两个中文词"打折""折扣"。

多媒体上展示：

"打折"，"to be sold at a discount"。

"折扣"，"discount"。

师：你们知不知道英语中的 Discount 用中文怎么说？

师：啊，对，是"打折"。是动词。（同时在黑板左侧慢慢书写"打折"，二字，让学生看清二字的笔顺。）

师：第二个词"折扣"，是一个名词。老板可以说："今天我的商店打折。"也可以说"我给你折扣。"

然后老师在黑板上展示一个商店打折的图片，上面有"8 折优惠"字样，老师强调说这是"八折"，是优惠 20% 的意思，和美国的表达方式不一样，不要误解了。然后又展示了一张多媒体图片，上面有"2 折起"的字样。这是优惠 80% 的意思。好了，"如果我说八八折"，大家知道是什么意思吗？八八折是优惠 12% 的意思。

老师在多媒体上展示"sale"这个单词，围绕着它逐个展示与"打折"意思相近的词："打折""减价""优惠""促销""甩卖""买一送一"（满 500 送 300；满 500 减 300）。

老师领读一遍这些词，要求稍微了解就可以了。

然后教师又在多媒体上展示了三个问题：

（1）什么是讲价

师：大家想一想什么是"讲价"？——就是 bargain 的意思。与"讲价"有关的，还可以说"还价""砍价"（在中国的北面，比如北京这样说），"讨价还价"。（同时，在黑板左侧慢慢板书：还价、砍价、讨价还价）

教师领读一遍。

（2）你会讲价吗

教师：你们会讲价吗？（有的学生摇头）

教师：啊，有的会，有的不会。一会儿我教你们一些方法。

（3）可以讲价吗

教师：在美国可以讲价吗？——在美国有的商店可以，有的商店不可以；上海也是。什么商店可以讲价呢？一些小的商店可以讲价，大的商店不可以讲价，上海也是这样的。那在上海或者在美国，你们讲过价吗？——啊，有的有，有的没有。好，那今天或明天我们都可以试一下（讲价）。

赏析：

这部分包括两个环节，第一个环节是跟学生讲解“打折”“折扣”两个词。以教师讲授为主。词汇意义用英文解释，方便易懂。教师在黑板上缓慢板书两个词的汉字，让学生注意汉字的书写顺序。教师用多媒体展示两张图片，向学生解释“8 折”“2 折起”，中美对比，言简意赅，清楚明白。同时，补充进“打折”“减价”“优惠”“促销”“甩卖”“买一送一”（满 500 送 300；满 500 减 300）这些近义的中文单词，信息量大。教师并没有要求学生记忆，只是领读了一遍。主要目的是先把材料引入。

第二个小环节是与学生讨论三个问题，都是与“打折”有关的问题，表面上看，学生的开口率不高，但教师采用的讲课方式是问答式的，商讨式的。其中又引入了与“讲价”近义的“还价”“砍价”“讨价还价”三个词语。我们发现，在整个交流过程中，“打折”“折扣”这些词的出现率非常高，教师不断在话语中反复使用这些词，高复现率已经使这些词在学生的头脑中埋下了熟悉的种子。从学生的反映看，他们基本听懂老师的意思了。

动画展示部分：

教师：下面我们来看一个 flash，它是和讲价有关系的。这个动画里有三个 master role，一个 master role 是老板，一个 master role 是 girl，还有一个 master role 是这个 girl 的 boyfriend。这个 girl 和她的 boyfriend 一起去买东西。这个 Flash 有一点点难，所以你们只要知道大体意思就可以了，不用知道很多的细节。

大约 3 分钟的动画，是一个小女孩和她的男朋友去买东西，每次都使用不同的讲价策略。分别是：瞒天过海计、苦肉计 + 美人计、走为上计、破釜沉舟计。

看完动画后，教师跟学生详细解释了小女孩买东西所用的计策。“瞒天过海计”就是小女孩跟老板说要买很多很多东西，便宜点吧。老板说彩色橡皮零售 3 元，批发 2 元。小女孩说：那我买 2 个；“苦肉计 + 美人计”，小女孩买东西时对老板说我们是学生，便宜点嘛？——老板最好了，最喜欢老板了，便宜点嘛？”“走为上计”，小女孩儿和她的男朋友看老板不答应便宜点，就转身走了，要到别的商店去买。老板赶紧喊：别走别走，给你便宜点。最有意思的是“破釜沉舟计”，这回是男孩儿去买东西，老板说多少钱，就给多少钱，他根本不讲价。老板说：没意思。

赏析：

这部分运用动画的形式形象生动地展示了中国人讲价的技巧策略。可谓惟妙惟肖。教师运用中英文混杂的方式给学生解释这些讲价的方法。让学生在轻松愉快的气氛中掌握了中国人讲价所需的词汇知识、技巧策略。

（三）第二部分：活动任务

教师把学生分成四个组，每个组 3 个人。要求是：每个组当中有 1 个人是老板，有一个人是买东西的，还有一个人可以是买东西的，也可以是老板的朋友。每个组要买的东西是一件 T 恤衫，老板想卖 300 块，买东西的人想便宜点。给 15 分钟小组内准备，然后到黑板前面展示汇报。（如果不喜欢老师提供的道具，也可以自己设计要买的东西）

每组学生都生动地展示自己小组买东西的过程。例如：

第一组：买钢笔。

顾客 1：这支笔很漂亮，多少钱？

老板：1000 快。

顾客 1：好的。（拿出 1000 块钱买了一支笔走了。）

顾客 2：（走过来）老板，你好。这支笔多少钱？

老板：1000 块。

顾客 2：哎，1000 块，贵！

老板：这支笔很漂亮啊。

顾客 2：漂亮是漂亮，但是你看，是坏的。

老板：（笑）

顾客 2：知道吗，我是个穷人，是个农夫，没钱，啊，帮帮忙了。

老板：800 快吧。

顾客 2：不行，还太贵了。你看看我这个样子，像有钱吗？

老板：不能便宜了。

顾客 2：（作转身离开状）

老板：别走，别走，500 块吧。

顾客 2：好吧，500 块。

顾客 2：（买完笔转身走到门口时遇到了老板 2，看到她手里的笔）老板，也是卖钢笔的吧？哎，是一模一样的。你这个笔多少钱？

老板 2：12 块钱，你要不要？

顾客 2：又上当了。（转身走开）

赏析：

这一组学生设计的买钢笔。顾客使用的是“苦肉计”“走为上计”。可以看到，学生的表演很形象，惟妙惟肖，能很好地理解讲价方式并有效利用。该任务活动中，可以看到学生很动脑筋，当顾客 2 用 500 块买完笔走到第二位老板那里问相同的笔卖多少钱时，老板 2 说：“12 块，你要不要。”很具有幽默感，也有现实意义。任务活动法可以极大地调动学生的积极性，激发学习兴趣。

后面几组同学的汇报也很精彩，分别使用了苦肉计、美人计、幸运数字方法等。气氛轻松、活跃。

总起来看，在课程学习的开始部分，何老师给学生大量输入了在中国买东西时讲价的词语、方法，主要以讲解的方式呈现关键词，以问答方式、动画形式高频呈现相关词句、讲价技巧。在课程开始前，教师就提醒学生，学习后会有角色扮演活动。这个预期的任务对学生学习的自觉性、主动性是有激发作用的。从后面学生的表现来看，效果也很好。

当然，这只是改良版的任务教学法，教师在教学方面先加强了语言输入环节的教学，在学生完成任务后，只是简单点评了一下。与任务教学法的三个环节顺序较有不同。正如赵金铭先生所言：“我们这里介绍任务型语言教学，并非提倡这种基于人本主义心理学的学习理论而提出的教学法，而是要了解这种目前处于主流地位的世界第二语言教学法，吸取其合理内核，为我所用。”

第三节 控制式语言教学法

控制式语言教学法是当代北美汉语作为外语教学界比较流行的教学法之一。该教学法吸收以往各教学法流派的精髓，并有所扬弃。既重视语言结构的本体教学，又努力使学生的语言交际能力由控制到非控制、由被动到主动得到充分发展。其教学模式为：大班课、小班课、一对一谈话课，并且有对这几种课之间异同关系、承接关系的详细理念和操作方法。这是我们见到的汉语作为外语教学法里面对课堂微观操作程序讨论最详细也最具操作性的教学法。

一、控制式教学法的理论阐释

控制式教学法是当今北美比较流行的汉语教学法，朱永平教授为主要倡导者之一。该教学法集任务教学法、功能教学法、认知法的优势于一身，重视“输入”的程序。即强调由老师控制输入，又强调诱导学生输出语音正确并合于语法的句子。

控制式操练法的理论基础是普遍语法并参考行为主义和认知行为主义。外语教学的重点诚然是以语言知识为基础的语言能力训练，可是控制式教学法的提倡者不满于传统教学法对二者关系的处理。以传统的语法翻译法为代表的教学法，重视语言知识讲解，即重视语言输入；以任务教学法为代表的教学法，包括功能法，重视对学生语言输出能力的训练和培养，但对语言本体结构的学习比较放松，即语言知识输入环节不令人满意，导致学生的外语偏误、错误无法控制。

控制法的原则即学生是学语言的主体，课堂时间尽量留给学生。控制法的指导思想是以句法结构为纲，口语练习为主，情景应用为辅。

“以句法结构为纲”，是基于以下几点原因：

1. 词汇只有在句子中才会有意义。例如：

“我送给他一本书。”

“我到机场送他。”

前一个“送”后面接的是双宾语；后一个“送”接一个宾语，而且与前面的动宾短语构成连动格式。在这两个句子里，“送”的句法功能表现出有很大的差异。而这正是汉语教学的重点和难点。

2. 类比、类推的方法在语言学习中比较普遍。学习者常常根据母语的句法来类推第二语言的句法。如：

I study in the library.（我学习在图书馆。）

外语学习中母语负迁移的例子比比皆是，所以，控制式教学法不提倡让学生两两配对自由练习，失去控制的对话训练只能使学生离正确的第二语言越来越远。句型练习无疑是帮助学生建立目标语规则的最好方法。

3. 帮助把词汇分类归纳记忆。在句型中练习词汇也要把词汇分类，易于记忆。

二、控制式教学法的教学模式

控制式教学方法采用循序渐进的强化式训练方法，采用大班、小班、个别谈话这样的渐进模式。语言教学沿着这样的路线：大班理论讲授、小班侧重实践练习；个别谈话侧重灵活运用和答疑。这样一轮下来，学生的语言知识转化为语言能力的机会大大增加了。

先大班授课，可以是四五十人的数量，甚至更多。老师在这个班级以语言知识讲授为主，主要使用归纳法教学。例如：

先展示几组图片，然后依次说出下面的句子：

他在饭馆喝酒。

他在家里看电视。

她在图书馆看书。

她在床上睡觉。

由场景引出句子，最后归纳出句型：S 在 PW+V。

这样，大班授课主要以讲授梳理语法知识为主。

然后小班授课，一般四五人的规模。提倡使用演绎法教学。即与大班反其道而行之。教师先在黑板上写上句型：S 在 PW+V。然后再引导学生说出句子：

他在图书馆看书。

他在家里看电视。

他在饭馆里喝酒。

她在床上睡觉。

也就是把在大班学习的语言理论知识在小班里进行充分的训练。这时候的老师主要任务是设计合适的语境，以带领大家交流为主，引导学生把在大班里学习的语言知识运用到交流实践中来。

接着是个别谈话课，也就是教师和学生一对一的谈话交流。大班课和小班课都有人为控制痕迹，个别谈话就作为一种补充和扩展形式，老师努力设计一种自然的，轻松的环境，和学生进行一种综合性、实际的、功能性的会话练习。

三、控制式教学法的操练方法

（一）小班课教学总的指导原则

控制式教学法认为教师是“教练”而不是“教授”。这一点在小班课的训练中体现得最为充分。小班课教学总的指导原则：

1. 清楚即将训练的目标句型，吃透句型；
2. 用含有目标句型的句子就课文内容提问；
3. 跳出课文内容，利用目标句型提问；
4. 跳出句型，用 wh-word 提问，带出目标句型；
5. 提问过程中穿插个人重复或多人重复练习；
6. 把几个句型串成一个段落；

其中操练提问的几点原则：

1. 以“一问多答”的问题为主；

2. 以“呢”字问题跟进；

3. 避免 yes/no 问题，多问 wh-questions，不要兀突地让学生造句；

4. 问题要由简单到复杂，话题要丰富多彩。

（二）小班教学的具体环节

1. 课堂活动的三要素：启动、回应、反馈

课堂上的活动基本是老师跟学生的互动。老师对课堂的控制主要是通过启动这一程序来完成的。老师通过问问题和要求以得到学生的回应，并通过老师的启动程序来诱使学生说出正确的句子，确保学生的回应是正确的句子。然后老师对学生的回应给以反馈。启动要活泼有趣、简短明了；反馈要简单清楚。

2. 实践的控制

（1）课前准备。预测学生的难点格外重要。不能面面俱到，必要有所取舍。语言形式的难点是教学上的重点。上课以前，黑板上写好今天所要教的句型。

（2）手势的运用。有时用手势比用语言更简洁明白。

（3）问句的选择。尽量不用是否问句而大量采用 WH 问句（why，what，where，which，andhow）；你呢？等。问句要比答句短。

（4）替换。说出不同的词来完成句子替换练习。如：

我们的屋子越来越乱。（桌子、教室、床……）

（5）完成句子。

A. 说出半句，学生完成：

既然番茄很小，就……（学生：“不用切了。”）

B. 情景式完成句子：

（老师）：我想吃龙虾，可是钱不够。

（学生）：既然你没有钱，就别吃龙虾了。

（6）情景式填空式。

教师（做动作把书放在桌子上）：老师把什么放在桌子上？

学生：老师把书放在桌子上。

教师（做放咖啡的动作）：现在呢？

学生：老师把咖啡放在桌子上。

（7）直接给出词语：飞机跟汽车相比，就……来说，……

老师：速度 / 大小 / 快慢 / 舒服

学生：飞机跟汽车相比，就速度 / 大小 / 快慢 / 舒服来说，……

（8）简短的英语：

A. 翻译法：（学生最好说汉语）：中国的什么比美国的严重？老师说：pollution（污染）。避免了冗长烦琐的解释。

B. 简短的英文引导：换句型：affirmative，negative，question.

（9）句型转换：

A 强迫 B：老师强迫学生学中文。

B 被迫：学生被迫学中文。

（10）情景图片法：用图片可以让学生看图说话，也可以让学生一问一答。作配对情景练习。

图片一定要有趣、简单清晰，最好能够一图多用。

句型 1：一边……一边；

句型 2：……的时候，×× 正在……

节奏的控制：一堂课的成功决定于是否能够引起学生的注意力。通过节奏的控制，吸引学生的注意力。

3. 一堂课好像一出剧

一堂课的程序可以简括为以下几个步骤：

（1）序幕。选择十几张重要卡片，大家快速齐读。卡片的最后一张联系老师所要建立的范句。如：范句为“王明是一位美国学生”。最后一张卡片应该是“学生”。

（2）铺垫。通过问句向小高潮的过渡进行铺垫。如：

老师问：“你是学生吗？”

学生回答：“我是学生”。

再问这个学生或别的学生：“你是美国学生吗？”

直到引出范句：王明是一个美国大学生。

（3）小高潮。金字塔的建立。通过领读，合唱（齐读）的方式建立金字塔。例如：

范句：

王朋是一个美国大学生。

学生

大学生

美国大学生

一个美国大学生

是一个美国大学生

王明是一个美国大学生。

“合唱”可集中大家的注意力，同时有助于记忆。

4. 舒缓 / 铺垫

（1）点读。选学生再重复范句，以此检查学生的发音和句子的正确性。

（2）提问。你是不是一个美国大学生？回应：……；反馈：很好……（转问另一个学生你呢？）

（3）再合唱。显示这个范句告一段落，将要进入到一个新的句型。

（4）转换。通过提问：王朋是一个美国大学生，你呢？

如果学生回答出了教师心中的范句：我也是一个美国大学生。老师带领大家再齐唱。

5. 高潮

经过前几个小高潮的铺垫，选择一个比较精彩的范句，主要是通过合唱法，但节奏加快，声音提高。激发学生的热情达到高潮。

6. 尾声

通过情景练习和简短讨论来舒缓节奏。

（1）情景的运用（低年级）。如图片有大学生、中学生、小学生，让学生用所学的句型说出句子，或配对儿让学生一问一答进行交际性训练。

（2）简短的讨论。高年级可以分小组练习。

老师常见的问题：对学生的错误不敏感，不及时给学生改错；训练时间控制不好，要么前松后紧，要么前紧后松；句子无趣无聊，太泛或太碎。

四、控制式教学法实例：“不论 A 还是 B，S 都 VP”

（1）师：春节是中国人最重要的节日，在中国的中国人庆贺春节吗？

生：在中国的中国人庆贺春节。

师：在国外的中国人呢？

生：在国外的中国人也庆贺春节。

师：用这个句型说就是——（手指着前面的句型）

生：不论是在中国的中国人还是在国外的中国人都会庆贺春节。

（2）师：学中文的学生都要表演节目，愿意也要表演，不愿意也要表演。

生：不论愿意还是不愿意，学中文的学生都要表演节目。

师：表演节目的时候，可以用英文吗？

生：可以。

师：唱歌是可以用英文吗？表演小品时可以用英文吗？

生：不论唱歌还是表演小品，学生都得用中文 / 不能用英文。

生：不论表演什么节目，学生都不能用英文 / 得用中文。

（3）师：如果违反法律，会受到惩罚吗？总统呢？

生：如果违反法律，不论什么人 / 是谁 / 是总统还是普通人 / 是不是总统都会受到惩罚。

五、严蕾老师控制式小班教学视频赏析

学生是四个大学生，时间 20 分钟。黑板上板书内容：

1. 改 +V+O（了）

2. 自从……以来，……

（改革开放 / 到中国 / 铁饭碗被打破）

3. 不知道：question/A 不 A/A 还是 B

4. 提醒 sb do sth

5. 推行……政策

（经济 / 改革开放 / 独生子女）

6.……（……）反而……

不但没

可以看出，小班课要训练的主要句型和生词都写在黑板上了。控制式教学法的理念是你想要学生说话，一定要把材料展示给他，不能让他自己乱编，不给母语负迁移一点儿机会。下面我们以句型 1 的训练过程为例，展示和赏析控制式教学法的课堂样态。

上课过程 1

教师：同学们好，今天我们学什么？

学生：今天我们学“给朋友过生日”。

教师：以前中国人怎么过生日？

生 A：以前中国人吃长寿面。

教师：非常好！现在呢？（伴随着手势指向学生 B）

生 B：现在中国人吃生日蛋糕。（“蛋糕”发音为“蛋告”）

教师：生日蛋糕。（同时用手势表示每个字的声调调型）

生 B：生日蛋告。

教师：（微笑摇头）跟我说：“蛋糕”。

学生 B：蛋糕。

教师：好，（手势指向全体学生）跟我一起说：生日蛋糕。

学生：生日蛋糕。

教师：（手指向黑板上的 1 句型）以前中国人吃长寿面，现在改吃生日蛋糕了。

学生：以前中国人吃长寿面，现在改吃生日蛋糕了。

教师：长寿面，生日蛋糕。（伴随每个字用手势表示其调型）

学生：长寿面，生日蛋糕。

教师：以前中国人过生日的时候，吃长寿面，现在……来。（伴随手势提醒大家一起说）

学生：以前中国人过生日的时候，吃长寿面，现在改吃生日蛋糕了。

赏析：

很显然，这部分训练的是黑板上板书的句法 1。教师并没有机械地领着学生训练句法、句型，而是创造话题，引导学生说出运用句型 1。整个过程是一个真实的交流，老师提问，学生回答。老师按照句型的逻辑点设计话题，引导学生自然说出该句型。这个过程是一个叠金字塔的过程，逐渐复杂化。

教师很重视语音的纠错矫正，几乎有错必纠。该教学法有一句名言"一失音成千古恨"。而且教师的语速很快，就是中国人日常会话的语速。该教学法希望教授的学生能说一口流利地道的中文。

教师重视体态、表情尤其是手势的作用。用手势的平、降、扬等演示汉字的声调；用手势明示学生一起说，还是某个人单说。使得教师意图明显，表达清楚，课堂节奏紧凑。教师很重视反馈，学生回答问题后，教师都及时说："很好！"或微笑点头："不错、不错。"

上课过程 2

教师：很好，很好。那来中国以后，你们有什么变化？

生 C：来中国以后，我改用筷子吃饭了。

教师：很好。你呢？（手势指向学生 A）

生 A：来中国以后，我改吃包子了。

教师：呃，以前你吃什么？

生 A：以前我吃三明治。

教师：很好。你呢？（手势指向学生 B）

生 B：来中国以后，我改说中文了。

教师：嗯，很好，你呢？（手势指向学生 D）

生 D：我改带卫生纸去厕所了。

上课过程 3

教师：好的。开车常常碰到堵车，所以……（手势指向学生 B）

生B：开车常常碰到堵车，所以我走路……所以我改走路了。

教师：呃，不，不要改“我走路”，呵呵，就“所以我走路”就行了。你呢？（手势指向学生C）

生C：开车常常碰到堵车，所以我改骑自行车。

教师：……了。（示意其丢了一个“了”字）很好，你呢？（手势指向学生D）

生D：开车常常碰到堵车，所以我改坐地铁。

教师：你们觉得每天的地铁方便吗？

学生：不太方便。（教师笑着回应“不太方便”）

教师：（手指向学生D）开车常常碰到堵车，所以他改坐地铁了，来——（手势提醒大家一起说）

学生：开车常常碰到堵车，所以他改坐地铁了。

赏析：

过程2和过程3的设计目的也是训练句型1。但是和过程1已经明显不同。过程1是紧扣课文的训练，学生的字词句都是课文里涉及过的，难度不大，还是偏向机械复述阶段。可是过程2和过程3的设计，已经离开课文，而是围绕生活现实寻找的话题。这是本训练的亮点，也是重点、难点。学生开始跟着老师的引导，试着用句型1来表达自己对生活事件的看法和态度。学生面临的挑战是：一面要关注句型本身的形式，还要关注话题本身自己的态度、意见。也就是话语的形式、内容要同时关注。教师的语速手势都很快，要学生反应迅速才能跟得上教师的思路。

这种训练对教师也有挑战。在快速的反应过程中，教师既要关注每个学生都有均等训练机会，既要注意纠正学生发音的偏误，随时注意学生词、句法方面的偏误，还要及时提供恰当的反馈。整个节奏既紧凑，气氛又和谐自然。不是有丰富经验的话，很难如此游刃有余。

综观控制式教学法的课堂教学过程，我们认为，控制式教学法有以下特点：

1. 教师必须备课充分

包括对大班课已经学习的句型、词语，都必须了解并烂熟于心。对每个句型可能涉及的话题需提前准备，该话题既要是学生熟悉的，有话可说；而且要是学生能够说出来的，对学生掌握的语言知识有充分的了解和估计。

2. 训练体现由控制到非控制的意图

教师设计的话题要由课文开始，慢慢跳出课文，转向生活当中的事件。引导学生自由表达其观点。

3. 教师要有饱满的热情

小班课就四个学生，跟教师就是面对面的交流。教师的音容笑貌，一颦一笑，都会对学生产生重要的影响。有时候，我们发现老师会偶尔接着学生的回答追问一句，就学生的观点继续交流下去。这个尝试很可贵，这使得这个交际训练更像是真实的交际。

4. 教师与学生互相尊重

既然是开放的对话，可能会涉及一些问题，师生之间有意见分歧，观点差异。这时候，教师要清醒自制，委婉表达自己的观点。比如有人会这么认为……”“我听说有人这样说……”等。

第四节 体演文化教学法

“体演文化教学法”因为产生时间较晚，在汉语作为外语教学领域的影响才刚刚开始。但是因为它更积极主动地思考语言与文化的关系，并努力寻找外语教学中处理文化要素的有效办法，而进入我们的关注视野。该教学法认为语言教学就是寻找到一个一个连续的、可供体演的文化片段，带领学生熟悉、体演，进而培养能够用目的语有效交流、与目的语人群和谐共处的外语学习者。体演文化教学法有明确的教学理念，完整的教学策略，甚至独特的考核程序。本讲最后赏析李慧老师的讲课录像，以帮助大家深入地理解体演文化教学法的教学理念。

一、体演文化教学法的基本理念

体演文化教学法是美国学者吴伟克（Galal Walker）先生创立的汉语作为外语教学法。吴伟克（Galal Walker）是康乃尔大学中国语言文学专业博士，美国俄亥俄州立大学东亚语言文学系中文部教授，全美东亚语文资源中心主任，俄亥俄州大美国汉语旗舰工程主任。自 20 世纪末以来，吴伟克（Galal Walker）与夫人野田真理（Mari Noda）合作，陆续发表一些文章和著作阐释“体演文化教学法”的思想和理念，积极探索具体的教学模式和教学方法，并设立了美国迄今为止唯一的中文教学法博士点，培养汉语作为外语教学法的博士。

2009 年暑期，国家汉办在青岛举办了“体演文化教学法”培训班，培训老师由吴伟克的第一位汉语教学法博士谢博德协同其他两位老师担任，学员是来自国内高校对外汉语专业的教师，“体演文化教学法”在国内逐渐被大多数人所知晓。2007 年以来，俄亥俄州立大学东亚学系又开始和武汉大学留学生教育学院合作，双方互派教师和学生，深度开发体演文化教学法的教材，在实践中不断总结、完善这一教学思想。体演文化教学法在汉语作为外语教学法领域的影响越来越大。

（一）语言教学与文化

语言与文化密不可分，但是在外语教学当中，一直没有找到语言与文化互恰的良好操作模式。正像有学者批评的那样：文化依然只是肤浅地以歌曲、饮食和游戏等形式放在我们的语言教学项目里。

外语学习的目的是要在对方文化的情境下恰当地使用目的语。不同的文化有不同的文化规则和模式，正像不同的体育活动或游戏都有不同的规则一样。因此，外语教学的重点，是使学生认知不同文化的行为规则及深层理念，使学生熟悉在目的语情境下的行为模式，逐渐积累有关目的语的文化知识。

语言是交际的工具，是和特定的文化语境相关联的。文化是意义的来源。但学生在学习外语时，并不总是能意识到语言与文化密切相关。比如一个美国学生这样谈自己学习日语的感受："我对于日语、日本文化和日本人民有一种狂热的感情。我很想学好日语，让自己听起来像受过教育的日本人，能够和日本人自由地交流……但与此同时，我也相信人是平等的，我对自己能够不故作谦卑地使用敬语而骄傲。"

很显然，他并没有意识到，如果希望在日本文化里获得成功，他必须遵循游戏规则，即文化规则，否则他的日语越地道，也许就会越事与愿违。

第二语言能力是在交际能力的范围内发展的，而交际本身又是在文化范围内发展的。最好的办法是引导学生识别目标语的特别语境和规则模式，避免用自己的文化模式主观套用。简单的例子是：外国人通常学习的第一句中文是"你好"，通常被译成"Hello"。这一中文问候语很容易被想当然地认为适合于西方文化语境，学习者可以向遇到的任何人说"你好"。如果他们知道在中文文化语境中，"你好"是在特定情景中和熟人打招呼用的，就不会走到大街上时，用它跟素不相识的人打招呼，令对方错愕不已。"你好"与"Hello"并不是简单的语言形式的置换关系，而是各自与自己的文化有微妙复杂的关联。

吴伟克引用赫克托•汉默利的观点，将目标文化分为三个部分：成就文化、信息文化、行为文化。成就文化是某种文明的标记；信息文化是某一社会所重视的信息；行为文化是帮助人们驾驭日常生活的知识。随着外语学习者在目标文化里的活动能力的发展，成就文化和信息文化方面的知识会变得日益有用。不过，外语学习的重点从初级阶段起就放在行为文化上，因为这种知识能够使学习者易于与当地人相处，从而促进当地人与自己保持长期的交往，这种交往对学习者积累文化经验是必要的。目标文化中的成就文化、信息文化可以使用学生母语教学，便于深度拓展讨论，不会受到语言限制。与目的语教学密切相关的是行为文化。如同样是对别人赞扬的回应，用中文说“过奖了”，神态表情一定偏向内敛自抑；而用英文回答“Thank you”时，神态表情一定自信上扬。

就个人的层面而言，文化是个人的行为，该行为在特定情境中被自己和他人所理解。它是处在一定情景中的知识：这种情景包括社会的、传统的和其他许多方面——但也不是无所不包的——并非想到的每样东西在任何一种文化中都会存在。学习目标语言是教怎样在目标语言里与人交流、行为、做事，怎样熟悉适应目标语言的游戏规则。在体育赛场上，棒球的游戏规则是要把球击出场外才能得分，而网球的游戏规则恰恰相反，球被击出场外反而是失分的行为。这些游戏规则并不具有绝对的跨域的意义。人们必须接受这样的观点：人无法学会一种外语，只能学会如何用外语做事。语言教学即文化教学。

（二）文化就是体演

在体演文化教学法里有一个关键词：体演。这个词是“Performance”的汉译。意思是可以重复、经过练习，并要遵守一定文化规范的行为，同时还要有特定的时间、地点、观众、脚本等。中文里没有与之对应的词。翻译成“表演”的话，太狭窄。翻译成“行为”，太宽泛。简小斌博士创造了一个新词“体演”，即体验表演。

文化就是我们的所作所为，也是对行为的认知。文化规范行为，同时提供在我们的世界里认知事件和事物的方法。社会生活之流是以一系列的体演出现的：我们能够理解他人的特定行为意向，是因为我们的文化提供了某些可能的体演，这种体演为那一特定行为提供了上下文。如果这一行为是话语，那么我们可以构造一个体演框架，来创造或解释这一语言行为的意义。

教师必须为学生提供学习条件，让他们在目标文化语境里交谈。学习者必须体演目标文化，就像他们必须体演目标语言一样。每一次体演都为学习者创造了一种关于目标文化的片段，众多片段的累积扩充记忆，使学习者构建趋于完整真实的目标文化图景。

例如：多数中文教材在设计“你好”的语言点时，都不太重视语境的交代，更不重视呈现真实的汉语问候文化。有的教材让两个人在街道或某处，亲热地拉着手互道“你好”，也有教材让学生和老师在校园里见面互道“你好”。体演文化教学法在引入“问候”这个语言点时，特别用英语交代事件发生的时间、地点、人物，尤其注意真实呈现汉语问候语里称呼语的重要性，对汉语称呼语文化有详细的讲解和训练。经过若干典型场景的再现，使学生意识到汉语的问候语有时间、地点、人物、亲疏等的差异。

因而，与传统的语言教学法相比，体演文化的最大特点是将语言文化的学习深植于特定的场景之中，让交流与场景紧密相连。要成功地做到这点，必须深入分析文化的构成要素。

（三）文化的构成要素

可以确定并筹备一些可体演的、可以在一个连贯的文化观念里找到合理解释的“大部件”。

在汉语教学法中，体演就是有意识地重复那些“设定事件”。这些事件，据卡尔森推论，具有以下五个规定因素：（1）发生的地点；（2）发生的时间；（3）合适的脚本，节目或规则；（4）参与者的角色；（5）理解的观众和被理解的观众。

其中“合适的脚本”是指：一套关于某些熟悉场合里的惯性交流，是大多数目标语言者所熟悉的。这些生活经验往往使你知道如何对付各种常见的场景，也知道别人怎么应付这些场景。多数外语教学者只是机械地教授语言形式本身，忽视具体场景下的模拟演练，即使有模拟，也仅是教学众多环节当中的一小部分，为了达到练习或检测的目的。体演文化教学法把场景下的交际作为教学的核心环节，熟悉脚本只是其中的一个环节的前提，而不是全部。

例如：“在中餐馆请客吃饭”这个事件，一套典型、准确的对话必不可少，在此基础上，重视对整个环节的体演：进门、入座、点菜、吃饭、付账。每个学生都在课堂上对这个事件有充分的体演训练，最直接的效果是，他们走出教室，可以直接去餐馆儿体验实践一下。而不是虽然学习了对话，对其文化环境仍然陌生。这种教学也重视对小餐馆、快餐店、大酒店文化语境的异同对比。

这里参与者的角色及观众的强调，可以考虑的是汉文化里具体的餐饮文化。包括座位次序、敬酒布菜的方式、发言的先后等。当然，这些内容会依据学生学习内容的深浅多寡逐渐渗透。

再比如，传统的阅读教学是学生阅读了材料后，要去课后完成填空、选择、回答问题等任务，比较枯燥单调，又有悖于真实生活经验。而真实生活中的阅读功用，是为了了解事实真相、向别人简短转述、告知等。体演文化教学法主张教真实的语言，更重视对真实语境的模拟。

比如：名片阅读教学的设计。

真实场景之一：第一次见面时，对方递给你一个名片。行为文化层面，注意用双手接过名片，不要马上放到口袋里或桌子上。认真阅读，主要读姓名和职称，了解对方的身份职业背景，可能会开始一个简短的问候及对话。

真实场景之二：可能要联系某一个人，需要找到名片，然后打电话开始新一轮沟通。

真实场景之三：或者向别人介绍名片上的人等。

这几种场景是教师要设计出来提供学生训练的语境，让学生在尽量真实的文化氛围里体演该文化“部件”，形成真实的可供随时提取的汉语文化记忆模块。

在教学过程中注重自然语言需求和真实生活体验，老师们必须绞尽脑汁、不断推陈出新。例如张永芳老师的阅读教学课，要求学生在阅读下面短文后，画出白先生家的空间示意图。

毛：白先生，您好吗？您要买书吗？

白：今天我不买书。我找高先生。高先生今晚请我吃饭。你知道不知道是在这儿呢还是在他家呢？

毛：在他家吃饭。

白：他家在哪儿？是在城里头还是在城外头？

毛：高先生家在城外，就在这条路的北边儿，一个小山上。

白：在那个山上有几所儿房子？

毛：那儿一共就有三所儿房子。西边儿有一所儿大房子。东边儿有一所儿小房子。中间儿的房子就是高先生家。南边儿山下是中山路。中山路前边儿有一个大公园。山后头有一个小湖。

白：那个是北湖吗？

毛：是北湖。湖的右边儿是钱先生家。湖的左边儿还有一个小公园。

白：噢，我知道，我知道。谢谢你。

可以想见学生的雀跃欢喜程度，语言教学课堂上学生们忙着展现绘画才能！学习效果的检验一点没打折扣，还体现了美国外语教学 5C 标准当中的“学科贯联”要求：语言教学要与其他学科适当贯联。

二、体演文化教学法的教学模式

体演文化教学法依据自己的理念，有自编教材、完整的课堂教学操练程序、独特的考核与评估办法。

（一）不一样的教材

我们以《*Chinese: Communicating in the Culture*》为例，了解一下体演文化教学法的教材设计理念。这本适合零起点美国人学习的汉语教材，全书没有一个汉字，通篇是汉语拼音和英文，当然还有大量的图片。以汉语拼音代替汉字呈现汉语的句子单词，是基于这样的考虑：对于习惯拼音文字的美国人来说，汉字对他们来说非常陌生，如果开始的时候，汉语、汉字一齐轰炸，学习难度大，会使很多学生望而却步。同时，参照人类第一语言的学习次第，应该遵照先语后文的原则学习汉语。即开始阶段只呈现语音，待学生有一定的汉语基础后汉字再跟上。汉字学习时其语言内容都是以前学过的，会大大降低学生的学习难度和为难情绪。

教材中对话发生的背景介绍、词汇语法句义解释、课后练习要求等内容都是用英文交代的。重要的是：每本教材都附有一张与课文同步的音频 CD，包括汉语字、词、句的发音示范、讲解、各种游戏式的课后训练、各种方式的模拟考核环节等。该教学法要求学生来教室学习汉语之前，要运用光盘预习所学内容，了解该汉语对话的背景、人物，尽量背下对话，完成对音、义的全面了解。传统教学法主要在课堂上完成的字词句的了解、背诵都要求在课前完成。

该教材后面设计了丰富的练习项目，不是选择、判断、填空之类的形式，而是对照课文内容，设计了对语言项目个别要素进行调整、变更的体演训练。例如，如果课文里学习了“高”“矮”“胖”“瘦”等词，课后练习就会给出若干幅两个人对比的图片，引导学生继续体演这些词的使用。这些训练会考虑变换人物出现的时间、环境、性别等因素。

英语背景的学习者面对这样的教材，其全部注意力都可以集中到汉语句子的句义、发音上面来，没有面对汉字的困扰，也没有对背景、意义理解的障碍。

（二）不一样的课型设计

体演文化教学法主要区分两种不同的课型：Act class 课型和 Fact class 课型。

Act class 是中文运用课堂，是体演训练的核心战场。建议有稳定的教室，让学生有可识别的标志，一旦进入该环境，就自觉说中文。该课堂要求全中文语境，不能说母语。这样的课堂不是讲解中文语言知识的地方，而是训练学生体演一个一个的中文文化场景的地方。一般的座次模式，学生要面向老师形成半弧形的座位样式，老师站在弧形的中心位置，是这场体演的编剧、导演，有时候也是演员。

Fact class 是英文解释课堂。建议这个教室有另外的识别标志，学生进入后就知道这是可以说英文（母语）的地方。在 Act class 课上学生存在的疑问、老师发现的问题、关于中文文化背景的其他需要补充的问题等都可以在这里解决。这里是教师、学生用母语沟通的地方，主要以语言知识交流为主，桌子的排放次序以传统的前后排列，老师站在黑板前面充当主讲者。

建议每 4 个 Act class，匹配一个 Fact class。

从教材设计和课型类型可以看出：体演文化教学法与传统的其他教学法最大的不同之处是课堂教学重点有较大的移动。传统语法翻译法的重点是关于语言本体语音、语义、语法的讲解和训练；即使像功能法、任务法等强调语言交际能力训练的教学法，也要给语言本体教学留出足够的空间。可是，体演文化教学法却坚决地把语言本体的学习部分全部以教材、光盘的形式提供给学生自学完成，课堂教学的重点变成模拟文化语境下的真实体演。在 Act class 课堂上，学生在老师的引导下，利用预习的关于语言本体的知识记忆，反复进行真实的交际训练。课堂上学生一直处于听说中文的紧张演练之中，始终保持较高的开口率。

（三）具体讲课步骤

体演教学法在教学理念、课程设置、教学技巧、考核方法等方面有比较系统的思考和实践。核心是如何在全目的语环境中，创造交流条件，激发交流兴趣，提供交流机会。教师要充分考虑以下各种构成要素：

1. 了解教学内容（以打招呼为例）；
2. 决定教学目的（得体地用称呼语打招呼）；
3. 选择语境（交际对象、环境等）；
4. 构建语境（逆向设计、埋地雷）；
5. 变更语境（扩展训练）；
6. 利用道具原则。

其中，引导学生进入真实的交际，是不容易的。很少技能像引导那样一开始做的时候很不自然，然而一旦养成习惯后就不会丢掉。老师要尽量从学生那里引出语言和其他回答，而不是一开始就给他们答案。

帮助实现一个以学生为中心的学习模式，帮助学生将新学的知识建立在已有的知识和技能平台上，有利于学生有效地学习和记忆帮助创造一个互动的、积极的和充满刺激的学习氛围——教师和学生一起参与知识的构建。

引导的好处是：帮助学生持续保持高度的注意力；帮助老师了解学生是

否在聆听以及是否明白；帮助老师了解学生已经掌握了哪些知识；增加学生说话时间，减少老师谈话时间；帮助学生学会猜测；引导的过程中学生会听到和学到偶然出现的语言；让学生看到他们可以自己解决问题，增加成就感。

引导需要注意的问题：引导可能消耗很多时间。好好计划并且事先演练，找到最快速的方法，使用图片或者有效的提示等。

体演教学法要有效地使用道具。道具可以帮助教师构建和复制场景；帮助学生理解场景；帮助学生进入场景；帮助学生在场景中进行交流；帮助学生记忆（视觉、听觉等所得的信息易于记忆）；活跃课堂气氛，提高学生学习的兴趣等。

道具的种类：照片、卡通图片；实物（如电话，筷子，餐巾纸）；易事贴；玩具（如手偶，积木，骰子等）；录像片、电影、电视片；声音、音乐。

教师使尽浑身解数，用尽十八般武艺，就为了达到一个目标：在课堂上真实体演文化片段，建构目的语文化的真实记忆。

（四）考核与评估方式

有什么样的教学目标，就有什么样的考核方式。体演文化教学法的教学目标是：正确得体地用目的语，在目的语环境中进行交际。不但要求语言形式正确，还要求交际策略得体，符合文化规范。

体验教学法的评估方式包括：每日评估、期中 / 期末考试，加上其他考核项目（作业、作文、报告等）。为了督促学生每次课都认真预习、参与、复习，每次上课都要依据具体表现给出学生的评估成绩，并及时反馈给学生；有期中考试、期末考试，还有阶段性的作业、报告等项目，都有具体的评估分数，最终以百分比的形式形成学生关于这门课的考核成绩。

这样，学生每时每刻都在面临评估，而不能期望考试时临时抱佛脚。体演教学法的考试方式也充分体现其文化体演理念，尽量摈弃传统的试卷形式。传统的试卷形式，更利于考核学生关于目的语知识的掌握情况，不利于考核学生真正的语言交际能力。

2009 年暑期青岛“体演文化教学法”培训班的教学模式是：谢博德等三位老师从美国带过来十几位美国高中学生，他们的汉语基础是零起点，就是来中国前在美国机场临时短暂培训了一个小时，也就是教了简单的“你好”“谢谢”“我是美国人”等句子。在青岛培训时，谢博德等老师有时给中国老师讲体演文化教学法的理念，有时用体演法教授这些美国学生汉语，同时，中国老师在另一间教室利用大屏幕一边观摩课堂教学，一边展开讨论。后来每个中国老师也都亲自上课实践。

两周的学习结束的时候，要对这些美国学生的汉语学习进行考核。考核方式也是体演，模拟真实生活交际场景，而不是完成一份试卷。这种考核方式的难点是要提前撰写考核脚本，设计考核的活动场景，充分考虑考核的公平性、可行性。这种动态的口语交际考核，对打分的标准、公正性有较大的考验。

在老师们各自拟定的脚本基础上，形成了一个最终的考核脚本。这个考核脚本基本上综合了这两周来学习过的汉语知识点，设计的语境要有较高的辨识度，使学生能够意识到并自动输出所学过的正确的汉语。整个考核分成两个大组进行，国内高校来的老师都分在不同的组里充当演员，谢博德等三位老师负责观察、给出评估分数。

整个考试过程设计在一个教室里（每处都有英文显示牌）：门口是一个模拟的某公司美国办事处，桌上有一部电话；旁边是机场取票处，再往里边是飞机座位，然后依次是北京机场接机处，某公司北京办事处。取票处、飞机座位处、接机处、北京办事处都有一个中国老师充当职员，负责与被考核的学生对话。考核开始前，有简短背景交代，某公司美国办事处的秘书接到北京办事处的电话，要把一封信送到北京。所以她要亲自取飞机票、在飞机上与陌生人就座位进行商讨，在北京机场与接机人寒暄，在北京办事处与王经理交接信件。整个考核过程大约持续 5 分钟左右。学生完全是在一个模拟的真实环境下进行语言交际的，整个考核既涉及语音语调、体态语气，又涉及文化规范。

整场考核下来，大家的感受是：这样的考试费神费力，对教师的综合素质、教育理念也是一个巨大的考验。

第六章　从文化模式认识汉语文化词语

第一节　中国文化模式的特点

一、中国文化模式的形成

中国传统文化以农业为基础，质朴厚重，绵延泽世；以宗法家族为社会结构的柱石，尊祖重情尚人伦。这种文化模式表现为注重人与自然、人与物、人与人之间的统一和协调，善于对客观世界加以整体的理解，习惯于以直观、形象的方式把握对象，具有重视人伦道德的价值取向。林语堂先生在其成名作《中国人》中把中国人的性格概括为，“老实温厚，遇事忍耐，消极避世，超脱老滑，和平主义，知足常乐，幽默滑稽，因循守旧。”中国传统文化模式提倡的是一种人格化的社会形态。整个社会也是笼罩在“忠君”“三纲五常”“人情关系”“禁欲主义”这样的意识形态里，个人英雄主义、民族主义、家族主义成为社会崇尚的风俗，人们处世的根本原则是人情世故。由于发生学上某些至今仍不十分清楚的原因，中国文化没有强烈的宗教情绪，没有形成发达的宗教组织，也没有像希腊、罗马那样，冲破原始的血缘纽带，产生城邦和市民社会，而是以宗法家族组织为原型和基础，建立起强大的王权制度和官僚体系，并在数千年历史中得到发展、完善和“特化”（即夸张地、强化性地发展）。

1. 中国文化在形式上形成了

（1）宗法性——家国同构，皇权与父权一体，伦理与政治互渗；

（2）官本位——官权是社会文化的核心，一切价值都转换为官权价值才有价值（正如金钱本位的社会里，一切劳动产品都转换成货币的价值一样）；

（3）泛权力化——社会生活的一切方面都被纳入王权系统和等级位置中，都被赋予官权色彩。

2. 在内容上表现出

（1）“天人合一”的思想观念最早是由庄子阐述，后被汉代思想家、阴阳家董仲舒发展为“天人合一”的哲学思想体系，并由此构建了中华传统文化的主体。张载在中国文化史上首次明确提出“天人合一”的命题，并在《西铭》中提出“民，吾同胞；物，吾与也”的著名观点：天地犹如父母，人与万物都是天地所生，民众百姓是我的兄弟姐妹，万物是我的亲密朋友，人与万物、自然处于和谐、均衡与统一之中。

钱穆在比较中西文化时明确指出：中国文化，既认为“天命”与“人生”同归一贯，并不再有分别，所以中国古代文化起源，亦不再需有像西方古代人的宗教信仰。这种观念，除中国古人外，亦为全世界其他人类所少有。

中国古代人，可称为抱有一种“天即是人，人即是天，一切人生尽是天命的天人合一观”。这一观念，亦可说即是古代中国人生的一种宗教信仰，这同时也即是古代中国人主要的人生观，亦即是其天文观。如果我们今天亦要效法西方人，强要把“天文”与“人生”分别来看，那就无从去了解中国古代人的思想了。

（2）宗法家族的伦理道德、价值观念等文化。宗法家族意识是传统文化、儒家伦理的基本内核，宗法伦理至今仍然是世俗社会行事的基本准则，正如法律界人士所认为的那样，它对民间百姓的慑制作用在许多时空层面上要超过国家法。

宗法制度也叫家族制度，其中心内容是指，一个家族只有嫡长子能够继承氏族名称和先人的爵位，是氏族延续的主干。其余诸子只能另立小宗作为氏族延续的旁支，这种家族制度其实就是权力和财产的继承制度。上至天子、下至平民，都必须遵守。宗法制度（家族制度）于西周时期正式建立，进入封建社会后，又以“世”为基础，衍生为儒家的伦理纲常之道，渗透于政治、经济和思想文化等各种关系中，进而形成了中国人的民族意识、民族习惯和民族个性。宗法理想的具体表现是：祖先（宗法家族）崇拜，以“三纲五常”为核心的尊亲和谐伦理秩序。今天保存下来的一些古建筑，尤其是四合院的建筑形态，最为精确地反映了宗法（家族）制度控制下的家族结构特征。

（3）忠君观念、王权崇拜观念、政治权威神圣化观念，“王化”和伦理教化行为。以王权为中心的政治系统，通过宣讲、表彰、学校教育以及各种祭祀仪式等方式，将王权主义的价值体系灌入人们的意识之中，培养出符合君主政治需要的忠臣和顺民。

古人云：“非我族类，其心必异”，历史上的“华夷之辨”以血缘认同为基点，形成了极其强大的民族凝聚力和同化力，“炎黄子孙”通过“用夏变夷”，聚合了众多民族，最终形成了中华民族。这不仅表现为文化同化过程，同时也是血缘认同的结果。在传统中国，血缘认同具有特殊重要的政治一体化功能。“天下一家”“四海之内皆兄弟也”的传统观念，体现了以血缘认同为基础的伦理主义精神。

中华民族历来以“礼仪之邦”自诩，具有鲜明的文化认同倾向。《礼记》曰：“凡人之所以为人者，礼义也。”（《冠义》）只要皈依礼义，即使异族亦可入主中原，纳入中华民族之列；反之，假如缺少这种文化认同，即使“华夏”也会堕为“夷狄”，难免与禽兽为伍。中国传统政治文化将人分为小人、君子、贤人、圣人，这种区分无疑是以对文化的认同程度为标准的。血缘认同和文化认同最终要归结为权威认同。人们在血缘认同过程中对父家长权威的绝对崇拜，促成了根深蒂固的权威认同心理因素。这种权威认同在语言上表现出很强的区别特征。如《礼记·曲礼下》：

天子死曰崩，诸侯死曰薨，大夫曰卒，士曰不禄，庶人曰死。

天子之妃曰后，诸侯曰夫人，大夫曰孺人，士曰妇人，庶人曰妻。

二、中国文化模式的价值观

中国的传统文化，无论是个人还是社会，从总体上看，都非常推崇修身、齐家、治国、平天下的价值取向。从中国历史来看，中国历代知识分子大多忧国忧民，以天下为己任，以修身、齐家、治国、平天下的人生理想来自我约束，自我激励和自我塑造。

而以“三纲五常”为核心的伦理道德来促进人际关系的和谐，维护社会秩序，则成为传统中国人的共识，成为中华民族普遍的、自觉的价值取向和行为准则。中国人习惯以伦理道德为价值取向，去分析和评判他人的思想和行为，要求忠君爱国、孝敬父母、友兄悌弟、舍生取义、讲求信誉，对中华民族的民族心理、风情风俗、审美意识、价值观念等方面都产生了极为广泛深远的影响。

文化价值反映了文化模式的主要特点，文化模式也主要取决于文化价值。所以在探讨汉语的文化词语时，必须首先认识中国的文化价值。以加拿大籍学者邦德博士为首的香港中文大学在对霍夫斯塔德的“文化价值层面”理论进行确定性研究时，提出了40个反映中国文化价值取向的词语：

孝敬、勤劳、容忍、随和、谦虚、忠于上司、礼仪、礼尚往来、仁爱、学识、团结、中庸之道、修养、尊卑有序、正义感、不重竞争、恩威并举、稳重、廉洁、爱国、诚恳、清亮、俭、耐力、耐心、报恩与报仇、文化优越感、适用环境、小心、信用、知耻、有礼貌、安分守己、保守、要面子、知己之交、贞洁、寡欲、尊敬传统、财富。

汉文化的价值观中，首先是对自我价值的压抑，由此体现出汉语词汇的两个特点：

第一，自谦词汇特别丰富，例如可以替代“我”的词语就多达十几个，除“本人”外，都是自谦语，它们是：鄙人、不才、在下、小可、愚等。

第二是等级价值，这又表现在几个方面。

（1）长幼有序，亲疏有别。中国文化讲究人际关系，而人际关系的核心就是有序，按中国的伦理观念，传统文化对汉语起着决定的作用，因此在汉语有明显的尊卑、长幼、亲疏之分。汉民族传统的文化观念之一是顺天理、重人伦、讲秩序，它始终支配着人们的思想。这种观念在汉语中的表现就是对语序的安排。如许多并列关系的合成词的语素安排在意义的表达上是根据汉族人的文化观念的：长幼有序（父子、爷孙、舅甥、兄弟、姐妹、亲疏、老幼、叔侄、婆媳、老少），上下有序（天地、乾坤、高低、手足），尊卑有序（贵贱、君臣，师生、师徒，将士、官兵），多少有序（多少、岁月、长短、斤两、尺寸），大小有序（大小、国家、军旅、班组），男女有序（男女、父母、夫妻、公婆），好坏有序（优劣、荣辱、善恶、安危、美丑），远近有序（远近、古今、秦汉、唐宋），主从有序（主从、纲目、枝叶、本末），方位有序（前后、上下、左右、东西、南北）等。

（2）男尊女卑。“夫妻”“公婆”“哥嫂”“龙凤”“子女”都是男在前，女在后。男子把妻子称为：内助、贱内、内人。家庭的后辈都统称“子孙”，即便没有男孩也是如此。有人考证了135个“女”字偏旁的汉字，发现其中有14个褒义词，如“好”“妙”等等，有86个是中性词，有35个是贬义词，如“妖、奴、妄、妓、婊、婪、娼、奸、妒”，大多表示“欺诈、邪恶、不忠、自私”等含义，好像女人不仅“卑”，而且简直就是“坏”的代名词。

第三是家国同构。在中国的语境里，由于家和国家的同源性，生命本质的统一性，家和国家之间往往有着基因般的连接。家庭和国家，都是集体意识的体现，家庭是小家，国家是大家，先有国，后有家。中国传统社会属于“家国同构”的社会历史模式。这种“模式”在政治理念上是把“国”当作“家”来治理，而在家庭观念中则是把“治家”和“治国”放在同等重要的地位上看待的。在国策、家政/国耻、家丑/国法、家规这些词语中，我们都发现在“国_”“家_”后的语素都是近义词，这应该是“国”与“家”一脉相承的一个具体表现。

第二节 文化词语的分析

文化词语涵盖广泛，主要体现在“民族心理、民族思维、生活方式和风俗习惯”四大方面。对于汉语文化词汇系统，则体现在三个方面，即“词汇系统和词语本身的构成、词义的误解和冲突、同（近）义词语的理解”。

在词汇系统中，词汇在一定程度上反映出了汉民族的某些心理特征、思维特征、独特的生活方式和民俗。

中国人重形象思维，而逻辑思维相对西方不是那么发达，反映在文学和日常生活中，象征、形象、类比的手法非常丰富。比如世间万物：山、水、花、草、飞禽、走兽，无一不是中国文人墨客钟情的对象。它们不仅有一般意义上的所指，而且被赋予了感情色彩，被人格化，使之具有了人物的品行、特征；并且逐渐大众化，继而形成具有了更为深层次的文化内涵，成为中华文化模式固定内容。比如当人们提到“松”“竹”“梅”“兰”“荷”的时候，就不仅仅在谈论植物，而且会联想到它们所“具有”的高贵品质。其次，中国人喜好使用比喻或华丽的辞藻，通过浓墨重彩使得文章显得生动鲜明、文采飞扬。形象的词汇在其中扮演了一个非常重要的角色。如对女子貌美的描写：“沉鱼落雁之容，闭月羞花之貌”，或者让“渔樵耕读者”看得忘了手中的活计，但具体有多美呢？答案在体验者的想象之中。这里的形象词汇从总体上把握对象，以经验为参照，给人以充分的想象空间，让人体验出逻辑思维所不能揭示的意境、不能体味的诗情画意。中国人重形象，实际上强调了思维中的表象作用，汉语通过比喻、类比、借喻等修辞手段来确立和规范词的意义，但未能较好地发展到概念。《论语》中有 105 处讲到儒家思想的一个主要概念“仁”，但“仁”到底是什么？孔子没有明确指出。这些都使得后来的学者们不得不辛勤劳动以说清其真正的含义，但结果仍是众说纷纭，显示出汉语词汇具有模糊性的特色和精于形象思维的模式。

一、亲属词和称谓语

亲属是“跟自己有血统或婚姻关系的人”，亲属关系是人类最重要的社会关系。对亲属问题较早进行研究的是语言学家，其方法主要是调查亲属词和对亲属词进行语义成分分析。早在 1964 年，F. G. Lounsbury 就对美洲印第安部落森纳加语言的亲属词进行过调查，并对其进行了结构分析。他分析出亲属词的 4 个语义成分是：辈分、对象性别、父系 / 母系、性别一致 / 非。

“中国文化中，语言称谓反映着人伦规范的两大伦理观念：‘长幼有序，尊卑不同’和‘亲属不同，内外有别’”。汉语的亲属词是标明汉民族的血缘、婚姻、社会关系的语言符号。

1. 亲属词

家庭是社会的最小细胞，各种语言都有其亲属词体系，都相应地具有表述这种家庭成员之间关系的亲属词系统。汉语的亲属词恐怕是世界上最为复杂的系统之一，涉及书面语体和口头语体、雅俗风格、正式场合和亲昵场合等不同表达。和其他文化模式相比，汉语亲属词的专指性更强，而西方语言中的亲属词则是通指性更强。

2. 称谓词

称谓分为亲属称谓和社会称谓两类，在汉语的词汇系统中，两者都相当丰富。

亲属称谓语的丰富性，能精细地区别尊卑、亲疏、内外、长幼、男女，表现在：第一，亲缘关系划分细而广，它可以区别宣系与旁系、血亲与姻亲、长辈与晚辈、年长与年幼、男性与女性、近亲与远亲，甚至生存与亡故、已婚与未婚等等。第二，同一身份称谓，因地域或场合的不同而出现了一些别称。如“父亲”，口语叫“爸爸”，自谦叫“家父”，尊称对方父亲叫“令尊”，方言有“爹”“阿公”“大大”甚至是“爷”等叫法。

社会称谓语的丰富性也表现在两方面：第一，大量亲属称谓转借成社会称谓词，亲属称谓在汉语交际中还常常扩大到亲属之外的社交场合，甚至用于不相识的人。如“叔叔”“爷爷”“阿姨”“大爷”，还有“警察叔叔”“王阿姨”“李哥”“张姐”等等。亲属称谓还可以泛化衍生出一批社会称谓词语，如“空姐”“军嫂”“的哥”“打工妹”等，甚至扩大到非人称的事物，如“老天爷”“太阳公公”“祖国”“母语”“母校”“姐妹城市”“兄弟院校”等等。亲属称谓能泛化为社会称谓，正是由中国的家国统一的社会结构、人际关系与伦理观念所决定的。第二，广泛存在指示职业、职衔的称谓。具有学术地位或者社会地位的老人可以称作“王老”“张老”，具有职衔的可以叫“李局（长）”“吴队（长）”。汉语称谓词语的这些特点，反映了汉民族重视宗族亲缘，以及社会名分地位和人际关系的民族心理。

周健就成为做了一次调查：对于“你最常用的称呼有哪些”这一问题，超过半数的学生选择了“小姐、先生、老师、老板、阿姨、服务员、大夫（医生）、司机”。“老板、阿姨”被选中，可能与华裔学生多有关；而“师傅、同志、老乡、大伯、大叔、老大爷、大哥、大姐”等未能获得普遍认同，可能与留学生的文化依附矛盾有关。对于“你觉得最难称呼的是什么人”，多数学生选择的是①中年陌生人；②女老师的爱人；③单位领导人；④保安；⑤面熟，但不知道他（她）做什么工作的人。

汉语的谦称敬称十分丰富，这是源于中国的礼仪原则。《礼记·曲礼》说得很明确：“夫礼者，自卑而尊人。”汉语里用敬称直接表示敬意，如“姜老、张兄、子美兄、尊夫人、令尊、令堂、令郎、令爱”等。又用谦称间接表示恭敬，就是把自己说得很卑微，让对方产生优越感，消除压力感。在下对上或平辈间说话时，谦称是礼貌的自称方式，如“小弟、学生、弟子、小女、敝人”等等。

据潘攀的研究，现代汉语标准亲属称谓语虽有 363 个之多，但在口语中较为定型的泛化称谓只有 16 个，即“爷爷、奶奶、伯、叔、伯母、妈、娘、婶、姨、哥 / 兄、嫂、兄弟、弟、妹、姑娘”，显然这些词应当是我们教学的重点。我们不仅要告诉学生常用的称谓词语，还要引导学生把握汉语称谓的传统文化特性和时代特性，这样才能习得其精髓，才能正确地理解和运用汉语称谓语。而在称谓语词汇教学中，我们可以通过提供语境的方法进行“称谓语词汇”板块的教学，使学生掌握汉语的称谓语。

在社会称谓中，应当把握汉语身份称谓的特点。一般来说，在社会上有身份有地位的人容易受到人们的尊敬。因此只有在大众心目中较高的职业职称才会被用作面称，而较低的身份类称谓，一般不用作面称。所以一般在学校的工作人员都统称“老师”，在医院都统称“大夫”。

二、方位词

汉语的方位词反映了中国人在认知上的特点。草木枯荣、动物迁徙、四季变化和日月星辰的出没移动是早期人类直接获得感性知识的基本参照。“东、西、南、北”是一种方位参照，既有方向又表现位置，产生这种图式后，人们逐渐将纯空间方位（物理意义上的）参照和范畴投射到非空间方位（文化心理上的）的参照和范畴上来，也就是通过语言将空间方位图式表述出来，而且这种图式在语言中的能产性极强。《史记·历书》说：“日归于西，起明于东”。料植《升天行》：“日出登东干，既夕没西枝”。日出东方，给先民送来光明和温暖，带来了生机，先民们对东方怀有深深的敬意，祭日和祭东方几乎是他们每天要做的事情。日落于西，带走了光明和温暖，先民栖息在饥寒和黑夜的恐怖之中，死亡就跟西方密切相关了。中国人将先“东”后“西”的认知顺序逐渐固定化，并由此衍生出不少的哲学上的、文化上的、日常生活上的对应关系。同样，先人从朝南一面观察到日照时间多于北面。南坡树木花草茂盛、生机勃勃；北坡则树木稀疏、阴冷，甚至寸草不生。于是认为南边域阳，北面属阴。坐北朝南的建筑观念同样也是缘发于此。自然环境上，南方热、气候湿润、多雨水，北方冷、气候干燥、少雨水。再由自然比照到生活、生产，南北在气候、物种、地理、人种、风土等方面的明显差别，进一步促成了这种南北的差异。

北方自古至唐，一直是中国经济和文化的中心，而政治中心的地位几乎未有任何变化，于是形成了北权势关系高而南权势关系低的观念。权势关系是指有等级差异和层级差异的社会关系，如皇帝与臣子、父母与子女、领导者与被领导者之间的关系等等。在这些关系中，尊者、长者、上级等处于“高地位”，卑者、幼者、下级等处于“低地位”。权势关系常常采用“上、下；高、低；北、南”等空间方位词语来对应表达，“上、高、北”代表所处的权势关系高，“下、低、南”代表所处的权势关系低。

1. 方位词的感情色彩

“天人合一”是中国文化的基本思想，古人把人的喜怒哀乐之情感跟方位、色彩、音律等相对应，形成以下的关系：

五方	东	南	中	西	北
五情	怒	喜	思	悲	恐
五声	呼	笑	歌	哭	呻
五色	青	红	黄	白	黑
五律	角	徵	宫	商	羽

2.“东西”在汉语中的一些对应现象

东、西对应

东	西	词语例释		短语举例
		东	西	
阳	阴	东床、东宫	西冥、西厢	男阳女阴
生	息	东皇公、青龙、东风	西王母、白虎、西风	西夏东殷
男	女	东方骑、东床	西子	君如东扶景，妾似西柳烟
左	右	江左	河右	男左女右、左东右西
春天	秋天	东风、春风、东作、东郊	肃杀、聚敛、素秋	
尊贵、富裕	低贱、贫穷	东序、织女、东家	西序、牛郎	东富西贵、东尊西卑、东家春雾合，西舍秋风起
文	武	文官	武将、西班	文东武西
五行	木	金		

五色	青	白		
天干地支	甲、乙；卯	辛、庚；酉		
神兽	青龙（苍龙）	白虎		
四牲	鸡	羊		

3. 方位称谓词系统

方位词跟称谓词的组合，形成汉语的方位称谓词系统，充分体现了汉文化的价值观和人际关系。

（1）上敬下谦：上帝、上宾、上峰、上司、圣上、皇上、祖上，下官、下级、下人、下属、部下、手下、在下等。但是，“陛下、阁下、足下”等也是敬称；

（2）前赞后损：前茅、前人、前贤、前哲，后房、后进、后主、后台等；

（3）内亲外疏、内近外远：内弟、内助、内子，外人、外家、外姓、外客等；

（4）东主西客：东道、东家、股东；西宾等。

4. 方位词的褒贬

东风为褒义，西风为贬义。

“以词为镜”，这些词语充分铭刻着中国宗法礼教制度的痕迹，体现出社会等级关系、家族血缘秩序、男尊女卑等方面的特点。当然，随着社会的发展以及跟其他文化的接触，一些方位称谓词也不再使用了，新的词语也产生了。比如“左派”“右派”就有外来文化的影响，“老外”成了来华外国人的戏称，“外资”则成了抢手的“香饽饽”。

三、禁忌词语

禁忌语是世界文化中较为普遍的语言现象，是由语言的社会性所决定。当人们要表达那些包含着必须陈述但又是忌讳性的文化信息时，用语委婉便成为一种必然的现实需要。禁忌，作为一种文化现象，早在远古时代已经产生。随着历史的延续和积累，言语上的禁忌演化成为社会民俗规约和精神文化的一部分。人们因为相信语言具有某种魔力，认为语言这种能使符号与它所表示的事物之间确乎存在着某种神秘的灵应关系，因此，当某种事物需要避忌时，人们在语言上也就出现了不提及或避免使用某些词和句，而换用别的词、句的话语方式替代的现象。这些不被提及或用委婉语替代的词或句便形成了语言系统中的禁忌语。比如，在鲁迅的阿 Q 正传里写到阿 Q 摸了摸小尼姑的脑袋，小尼姑就骂了一声阿 Q“断子绝孙”。阿 Q 听了以后就很紧张。

外国学生读到这里的时候常常不能理解。原因就在于他们不理解“断子绝孙”这句话在中国是一句禁忌语，不懂得这句禁忌语所蕴含的文化意义。

1. 禁忌词语在阅读中的表现方法

（1）借代法。如果不宜直接说出那个词，可以换一个词。比如，渔民、船工忌讳“翻”“倒”“滚”“搁”“沉”等字眼，山东长岛的渔民把“翻过来”说成“划过来”，而广东的渔民却把“翻过来”说成“顺过来”。山东长岛的渔民把“帆布”叫“篷布’”，而苏州等地的渔民却把“帆布”叫作“抹布”。

（2）使用模糊同语法。有些比较难以启齿的事实，直接说出来比较唐突，就用扩大使用某些词的外延，使词的内容比较空泛，这样既不伤体面，又能表达说者的意义。如，未婚女孩生孩子，在英语中不直接说“生孩子”，而称“accident”。汉语则把怀孕说成“有喜了”。

（3）省略法。省去某些字眼，使其意义含混。“结婚”对中国人来说是一件高兴的事，但又是一不好意思的事。表现在语言表达上，有时“婚”不说出来，而只说“结”了，实际上等于“结婚”了。如：他告诉我他“结了”，“结了”实际上等于“结婚了”。

（4）修辞格法。使用某些辞格使语义转移也可形成委婉语。如，“听说她跟那时周公馆的少爷有点不清白”（曹禹《雷雨》），用“不清白”来代替发生了性关系。

（5）歇后语法。如，某队输球了。甲对乙说：“他们真是孔夫子搬家——尽是书（输）呀。”

（6）拆字法。把一个字拆成几部分。如，张俊氏道：“胡子老官，这事做成了，少不了言、身、寸。”王胡子：“我哪里用你谢。”（“谢”说成“言、身、寸”）。

（7）换字法。有的词不便说出来。如，常说：“扯蛋、死个逑”，书面转写时，换成“扯淡、死个球”。

（8）同音法。就是用音词义不同的字代替，以表达一些无法表达的字眼。如上面的歇后语：书—输，就采用了同音法。

（9）用专业术语。有时直接说某一事物太直露，就用专业术语来代替。如：生殖器、臀部。

（10）删除法。有些人在写作时，多处用“□□□□□”表示作者不愿意直接说出的话。

2. 禁忌语的分析

（1）称谓禁忌

汉语中的称谓禁忌主要涉及讳名的习俗。中国人向来就有尊祖敬宗的习俗，祖先和长辈的名字都不能直呼不讳。秦始皇的名字叫嬴政，“政”与“正”同音，为避讳就把“正月”改为“元月”，或者把“正月”的“正”读成“征”。秦始皇还规定“朕”专用于皇帝自称，而普通百姓只能用“吾”。“秀才”一词早在春秋战国时就已出现，指具有优秀才能的人，但到后汉刘秀当了皇帝，为了避其讳，便将“秀才”称作“茂才”。又如，宋代有个州官叫田登，自讳其名，竟命州内吏民不许用与“登”同音的字，犯者每受鞭笞，于是全州皆呼“灯”为“火”。上元节放灯，州吏出告示曰：“本州依例放火三日”，于是民间留下了“只许州官放火，不许百姓点灯”的讥刺性成语。在称谓禁忌中，还有一类特殊的情况，即在地域和民族称谓上存在着一些带有轻蔑、歧视意味的贬称或讳称，例如“南蛮子”“北侉子”之类的说法，都是中原人对异域人的蔑称和贬称。

（2）凶祸词语禁忌

民间有“说凶即凶，说祸即祸”的畏惧心理，因而人们在言谈中非常忌讳提到凶祸一类的字眼，如凶、险、恶、衰、弱、贫、穷、逆、悲、哀、折、输、亏、卑、忧、夭、死、病、伤、亡、祸、疚等字眼，人们总是设法回避，唯恐因此而招致凶祸的真正来临。其中最具代表性的就是对“死”这个字的禁忌。汉语中讳言“死”的别称很多：亡故、去世、殒命、逝世、没了、谢世、过世、永别、永诀、作古、归西、归天、牺牲、就义、升天、老了、走了、拜见马克思、见阎王等等。为了防止凶祸事情的发生，民间在语言方面还忌讳说出与凶祸直接或者间接有关的词语。乘船的人，忌讳说“住”“翻”所以称“箸”为“筷”，称“帆布”为“抹布”。其他“沉”“停”“破”“漏”之类的词语也都在禁言之列。送礼时忌送钟，因“钟”和“终”同音。

（3）有关性行为、排泄的禁忌语

汉民族对性及性行为、性别问题上的含蓄传统曾经造成人们谈“性”色变的现象。受传统文化的影响，人们认为这些字眼足露骨的下流词，所以会有意识地选择一些委婉语：用“那个”“下部”“阴部”等来代替性器官，用“办事”“房事”“同床”“夫妻生活”“男女关系”等等委婉词语来代替性行为。甚至连容易引起生殖部位联想的“拉屎”“撒尿”“上厕所”“月经”等有时也都在忌讳之列，一般要改为“出恭”“如厕”（多适用于古代）和“解手”“方便方便”“例假”（多用于现代）等等。

（4）有关生理缺陷、某些疾病的禁忌语

汉民族深沉含蓄的传统民族心理是通过委婉曲折的方式表达出来的。人们谈论生理上的缺陷时怕触及对方的痛处而常用较为含蓄的手法。比如，说人家“耳朵聋”，似乎也不很“礼貌”，人们不说“聋”，而说“耳朵背”，或者说“耳朵有点不好”，“耳朵有点不便”，这些和古人说“重听”，都是一个意思；“他腿脚有点不方便”指“破子”；谈到一个人的体型，忌讳说“肥胖”“瘦得皮包骨头”，一般听到的是丰满的、圆脸的、体重增加、生活水平提高了或娇小的、苗条的、精干的；有时候被谈论的人相貌平平，甚至比较丑陋，明智的做法当然是选用比较委婉的词语：平常的、不美丽的、不好看的、普通的，来回避令人不快的窘境。

（5）节日禁忌是人们在节日生活中对自己言行的禁制

它表现了人们对神灵、对灾祸的畏惧和对未来、对吉祥的希望。春节是中国汉族和一杵兄弟民族最隆重的节日，是农历新岁之首。春节期间，从除夕到正月末，禁忌最多，人们也信仰得最虔诚。这充分反映了人们追求快乐、趋利避害的社会心理，也是利用禁忌来调整人们生活中的各种关系。因此在年节中，忌说不吉利、不喜庆的用语。尤其忌说“碎”“破”“死”“扫”“倒”“衰”等“无头彩”的字，也忌说“死父”“致病”“大病”“全家死绝”等秽语恶言。

（6）集团禁忌语

不同行业的人常常会因职业、工种的不同而形成一些特殊的言语禁忌，这些禁忌往往具有行业性。药店的经营者送客时忌说“再来坐”“欢迎再来”之类的话，否则，顾客会以为是在诅咒人家“再得病”。

（7）宗教和宗教信仰是禁忌语存在的一个重要领域

中国人忌亵渎神灵，对自己信奉和崇拜的神仙不能在言语上有任何的轻慢和不敬。为了保护一家老少生活幸福平安、发家致富，很多中国人信仰“门神”“财神”“水神”等，因此人们买来画像或雕像贴于门户或供于堂中。但“买”字是很忌讳的，于是换成“请”，以免亵渎神灵。

（8）日常生活禁忌

送礼不能送“钟”，因“送钟”与“送终”谐音，不吉。忌两人分食同一个梨，因“梨”与“离”谐音，“分梨”音同“分离”，不吉。“狗”“猪”“驴”“龟”等，平时是用来骂人的，因而忌讳与人相提并论，否则会伤害别人，甚至引起斗殴纠纷。

（9）岁数

民间普遍忌讳的岁数是七十三、八十四、一百。岁数忌七十三、八十四，据说与孔孟二圣的终年有关。传说孔子是七十三岁死的，孟子是八十四岁死的，因此人们把这两个岁数当作人生的一大关口，连圣人都难以逃避，一般人更不用提，所以都很忌讳。俗语说“七十三、八十四，阎王不请自己去”；岁数乂忌言“百岁”。百岁常常用来指人寿之极限，如“百年和好”“百年之后”。若要问到某个人的岁数时，是忌讳说百岁的，即使真的是一百岁，也只能说是九十九岁，恐有病灾伤亡祸事发生。

四、数字词

宋朝理学家邵雍（康节）有一首《蒙学诗》：

“一去二三里，烟村四五家，亭台六七座，八九十枝花。”

寥寥几笔，描绘出景色宜人的乡村画面，后来成为古代儿童入学写字描红本上的诗，也是儿童学习一到十的计数，是数学上的科普诗歌。

清代乾隆皇帝有一次游山玩水，碰上大雪，触景生情，口吟数字诗，形象地描绘雪花飘落与芦花融为一体的情景：

“一片一片又一片，两片三片四五片，六七八九十来片，飞入芦花都不见。”

数字与人的生活密切相关。在汉语词频最前的100个词语中，数字词有：一、十、两、三、二、四和五。孙青忠对《当代新编汉英词典》《英汉辞海》中由1到10等10个基数词构成的数字词语作了封闭定量统计，发现汉语数字词语总数为1038个，有文化标记的为741个，占71.39%。其中反映中国哲学观念的有590个，这与西方数字词语不同，其数字词语多具有宗教色彩。

中国传统文化认为，事物都由阴和阳两个方面构成，只有阴阳交合，才能滋生万物。在这种文化观照下，事物都是从一化为二，从二化为四，四化为八的几何级数发展。因此，双数在汉语中蕴含着吉祥的文化内涵。中国人喜欢双数的偶合义，追求好事成双，渴望双喜临门，人际交往中送双份礼，以及作为文字形式的春联和作为修辞格的对偶，无不体现出汉民族对偶数情有独钟。汉语习语中形容处事有方是“四平八稳”，形容交通便利是“四通八达”，百事顺心为“六六大顺”。

“一”是万数之始，万事之源。“一”最简单，又最复杂。在中国文化中，一是始，也是全。这种观点，最早是由老子提出来的，他说：“道生一，一生二，二生三，三生万物。”认为道是单独无偶的“一”，是万物的本源，具有本体性的意义；“一”逐步产生万物，赋予万物存在的灵魂。

“二”是偶数，是大吉大利之数。“二”的变化形式还有“两”。其实际意义是指数量，如“一石二鸟”“二人世界”“两句三年得，一吟双泪流”。作为最小的偶数，在一个崇尚偶数的文化氛围中，它也就自然而然地获得了一些吉祥的意义。

在中国，“三”是一个很吉祥的数字，“五”有和谐、优美之感。老子说：“道生一，一生二，二生三，三生万物。”古人认为，数字始于一，终于十，成于三。中国古代与数字三、五有联系的重要思想观念是很多的，如“三”指天、地、人；“五”指金、木、水、火、土。古代中国人把这八种物质看作世界最基本的组成部分，因此，“三”和“五”这两个数字在中国的社会生活中运用得也比较广泛，有“三”就应该有“五”。如，三皇五帝、三令五申、三五成群、三纲五常、三下五除二、三年五载等。

“四”是“二”的倍数，可以说是成双成对，代表稳定和永久的四面体，是一个吉利数。如：四季、四合院、四书五经、四喜丸子、四海之内皆兄弟等，但近年由于谐音“死”，而被视为一个不吉利的数字。电话号码、车牌号码尾数有“四”的就不受欢迎。人们尤其要避开“14”（谐音“要死”），“54”（谐音“我死”）。而在西方国家，人们基本没有关于“四”字的忌讳。

“五”按《说文解字》注：“五行也”，是阴阳二气在天地间交会而成。因而古人把世界上的事物以“五”来分：五行、五方、五味、五色、五声、五金、五谷、五岳、五官等等，反映出中国传统的阴阳五行宇宙观。“五”是“一”和“九”的中间数，既表阳又居中，成了至善至美的象征。

我国自古以来就有崇尚“六”的传统观念。如先秦时期六部儒家经典称为“六经”或“六艺”，古代把亲属关系归纳为“六亲”，妇女怀孕也称为“身怀六甲”，民间也有“六六大顺”的吉语，在使用电话号码或汽车牌号时，人们尤其钟爱尾数为“66，666，6666”这几组数字，农历初六、十六、二十六被视为举行婚礼的吉日。

“七”是民间的吉祥数，也是宗教中的圣数。七是阴阳与五行之和，中国古人认为阳气的循环以 7 天为一个周期，这与西方以 7 天为一个星期作为循环有异曲同工之妙，说明古人对于天文自然认识上的一致性。因此，“七”成为宇宙和精神世界井然有序的象征，同时还代表自然界的轮回更替和完整统一。汉语有七星、七言、七律、七绝、七步诗、竹林七贤、七仙女下凡等。

在许多文化中，“七”都是个吉利数字。在日本的古代神话中，决定人间福德的是 7 位神仙。在阿拉伯语和乌尔都语中，数字“七”写出来像个大大的“V”字。在佛教故事中，佛祖一出生就能行走，向东南西北各走了 7 步，步步生莲花。在天主教和基督教里有七美德和七宗罪之说，数字“七”意味着完美。七美德是指诚信、希望、慈善、正义、勇敢、节制和宽容；七宗罪是傲慢、暴怒、懒惰、贪婪、嫉妒、暴食和淫欲。

“八”与“发”谐音，使得人们特别喜欢数字“八”，以求生财有道，发财致富。对“八”可以说是特别偏爱，几乎达到迷信的程度。电话号码中喜欢有 8，汽车牌照号码最好有 8，有的商店取名“518”（“我要发”的谐音），公司企业等单位开业把含有“八”的日期选作黄道吉日，开业典礼的时间也要定为 8 点 18 分（“发一发”的请音）。可见数字“八”已不仅仅是一个简单的表示数世的数字，同时反映出人们的一种共同愿望，蕴含着一定时期民族文化的内涵。

在中国的传统文化中，数字“九”被赋予了特殊的含义。中国人喜欢九，因为“九”是龙形的图腾化文字。“九”是阳数，天有九层，九重天是天的最高处，因为“九”与“久”谐音，由此演化出“神圣”之意，受到历代帝王的青睐，他们常借用“九”字来象征他们的统治地久天长，万世不变。北京城有九门，天安门面阔九间，紫禁城房间有 9999 间。由此可见，汉语中与“九”有关的习语多并非偶然，如：人们用“九霄云外”表示极高之意；“九州方圆”表示极广之意；“九泉之下”表示极深之意；“数九寒开”表示极冷之意。

“十”在以整拾递进的数字体系中含有达到极点之义，在中国人的潜意识里表达一个完美无缺的量。汉语中有：十分、十足、十全十美、百发百中、千方百计、千军万马等词语。

汉语中的数词有少数词是实指的，多数则为虚指。如：“七嘴八舌”并不指“七张嘴，八个舌”，而是指“说话人多而杂乱”；“过五关斩六将”为“克服重重困难”或“经历千难万险”之意，等等，不一而举。

骂詈语中的数字：二百五、三八、王八、十三点等，也反映了一种特殊的文化形式。

用以下一组数字词语表达对读者的良好祝愿：一帆风顺、两全其美、三阳开泰、四通八达、五谷丰登、六六大顺、七巧玲珑、八方呼应、九五之尊、十全十美、百年之业、千秋万代、万无一失、亿万斯年。

五、外来词语

不同民族之间的交流，带给语言词汇系统最明显的变化就是大 It 外来词的出现。汉语也不例外，自东汉起，汉族人就渐渐增多了与外族人和外国人之间在经济、政治、文化等方面上的往来，因此汉语中也随之出现了像“葡萄、浪漫、艾滋病、星巴克、T 恤、mp3”之类的外来词。不难发现，这些词语进入汉语词汇系统，或音译，或意译，或音义兼译，都经历了汉化，即便是一些字母词也往往以不同的方式烙上汉语的印迹。在对外汉语教学中，这类词所带来的理解困难也不在少数。事实上，汉语词汇对外来词的汉化，是汉民族依据自己的认识习惯，对外来词的整合，这除了是汉语言本体特征的要求，在很大程度上也反映了汉民族的文化心理。外来词在经过语音、语法的汉化后，还要在语义和语用上经受汉文化的考验，才有可能在汉语词林中站稳脚跟，得到人们的普遍接受和使用。民族文化心理对外来词的吸收借用起着非常重要的作用，人们常说汉语有一种“望文生义”的功能，因此吸收外来词时，就要利用汉字、汉语语音和词汇结构模式，就地取材，迎合汉民族的这种心理。

1. 在排斥异己心理下的吸收

汉文化长期处于发达地位，因而对异域文化采取一种消极或排斥的态度，在吸收外来词的方式上以意译为主，能意译就不用音译。所以在汉语外来词当中，意译词占最主要部分。如："化身"是 nirmanakaya 的意译同，"因缘"是 hetupratyaya 之意译。力拒音译，同化外来词，许多原有的音译词逐渐被意译词所代替。如：德律风→电话、德谟克拉西→德先生→民主。

2. 联想表意

汉民族的主要思维方式是形象联想，因此，汉语会尽量使外来词具有某种与原词所指称概念相近、相关的内容意义，或带有某种特定的情感色彩和审美情趣，使人望文生义，浮想联翩，达到"望表而知里，扪毛而辨骨，读一事于句中，反三隅于字外"（刘知几，《史通·叙事》）的效果。如："的确良"（dipterex 一种做夏装的布），给人若穿上这种布料会非常凉快的感觉。"AIDS"初译成"获得性免疫缺乏综合征"，后来被"艾滋病"所替代，但此病非"爱"而生，又改成了"艾滋病"。"cyclamen"是一种樱草属植物，汉语译为"仙客来"。

3. 简约经济，删繁就简

汉语的音节构成比较简单，语音也比较单纯，因而讲究用最经济的语言来表达丰富的内容和深刻的思想。"观音"，佛教大乘菩萨之一，梵文"Avalokitesvara"的音译是"阿缚卢枳低湿伐逻"，有 8 个汉字，不符合汉语词汇模式，就加以简化成"观世音"，为避讳，又缩简称"观音"。绝大部分外来词之所以能保留在汉语之中，与其双音节化或三音节化有关。

4. 通俗易懂，入乡随俗

外来词要流传下来，就必须具备通俗、入乡随俗的原则。严复先生在译 bread 时，造了两个字形过于繁复而终不得流行，还是被"面包"所取代。

一些商品标牌，不仅使人们耳熟能详、过目不忘，而且巧妙地增添了商品原来不具有的汉文化内涵，以暗示商品的卓越性能：奔驰（Benz）、宝马（BMW）、奔腾（Pentium）。

关于人名，西方习惯前名后姓，且音节较长。音译时，冠之以中国的百家姓，给人一种亲切感，无形中缩短了彼此间的文化距离：如白求恩、贝多芬，甚至将莎士比亚尊称为"莎翁"。

5. 趋利避害

汉民族认为语言具有一种神秘的超人的力量，语言的禁忌自然也反映在吸收外来词方面。比如在一些药品、食品上就比较突出："可乐宁"（clonidie，降压药）、"雪纺"（chilfen，一种薄绸衣料）。TOEFL 译成了"托福"，揭示了莘莘学子期待留学考试顺利通过的微妙心态。最近，还有人把针对外国留学生汉语水平考试的 HSK 称之为"汉语托福"。

6. 崇洋趋时

追求新奇是一个民族充满活力的表现，尽管说汉民族有保守、唯我独尊、排斥异己的一方面，但汉民族同样是一个有吸纳性的民族，这对汉语的发展产生了巨大的作用。汉语的一大特点就是字体的形象性，于是在吸收外来词时，利用汉字的形体来描述、比拟某种事物，如"金字塔"。尤其是近年来，汉语中有大量的英语字母直接进入了汉语之中，如：IBM、CEO、CBD、卡拉 OK、B 超……不仅丰富了汉语的表达方式，而且影响了人们的生活方式。

总之，汉语在处理外来词上，体现了汉民族的文化心理和价值取向，值得研究的地方还很多，还有待进一步的挖掘。

六、量词

汉语之外的许多语言除了表示长度、重量单位的量词之外，鲜有其他量词，特别是欧美语言。"量词"是让汉语学习者很是头痛的难点之一，尤其是数量繁多的名量词。事实上，大部分名量词，都有对与其搭配的名词进行形象描写的作用，并体现了中国人经验和直观的思维方式。如"张"，表示平面或展开物；"条"，表示细长、可弯曲物，还具有修长的美感；"把"，表示有把柄器物等。另外，一些动量词，其实对与其搭配的动词也有同样功能，如"一下儿"给人短暂而随便的感觉；"番"给人费时、费力的感觉。至于另一类，由表动作行为所凭借的工具或身体部分所借用来的动量词，如"咬一口、踢一脚"其形象性则更强。诸如此类，反映了汉民族形象性的思维特征。

"双"和"对"不是数字范畴，但它们都含有数的意义，体现了中华民族崇尚偶数的观念。在中华民族的观念里，总是把两个不可分割的或者自然配对的，按情理应为一体的人、物或事融在一起，称为"双"或"对"，这可以举出一大堆例子来：

比翼双飞、好事成双、才貌双全、德艺双辉、名利双收、双管齐下、文武双全、智勇双全、一箭双雕；

一双筷子、一双鞋、一双脚、一双袜子、一双眼睛、一双手、一双儿女；

双喜、双飞、双眉、双肩、双目、双星、双柄、双凤、双声、双璧、双鱼；

一对鸳鸯、一对金鱼、一对枕头、一对小鸟、一对天鹅、一对新人、一对石狮子。

以上列举的这些例子，几乎都是不可分的。假如强行拆开，也就失去广其存在的意义，有时甚至被视为一种缺陷。如果只是“一只鞋”，那让人怎么穿呢？只有“一只手”，不就成残疾了吗？而“三只手”则成了小偷。若只有“一只眼睛”，岂不是“独眼”了吗（小说、戏剧、电影中常有把流氓、坏蛋描写成“独眼”的现象>?“双飞”是雌雄比翼双飞，只剩一下“单飞”，还能飞得起来吗？总之，如果成“双”成“对”者只剩其一，那就违背了常规，也就无吉祥可言，而只剩“凶”“祸”或其他不愉快了。所以，在汉语的世界里，选择“双”“对”体现了一种美好愿望，才能让人感觉到吉祥如意。这也是汉文化崇尚偶数的必然结果。

七、褒贬词语

色彩是指词义附带的某种倾向、情调。词语的感情色彩反映了人们对事物的爱憎感情和褒贬评价。一般来说，表示对人或事物的褒扬、喜爱、尊敬等感情，要用褒义词；表示贬斥、憎恶、鄙视等感情，要用贬义词。因此，理解词语，特别是同义词语，不仅要弄清词语的意义，对带有感情色彩的词语，还要分清是褒义词语还是贬义词语，根据表达的需要来理解，这样才能准确的理解原意。凡带有建设性的，有积极意义的和表达某种正面的肯定的语气或态度的，都可归纳到褒义词的范畴，反之，即归纳到贬义词的范畴。单独分辨词的褒贬，并不十分困难，难的是在一定语境中有时褒义词贬用，有时又贬义词褒用，这时必须依据上下文语境通盘考虑，才能确定它是褒义还是贬义。

1. 有些词语不仅有一定的意义，而且还常常带有不同的感情色彩。例如：“伟大、纯洁、西施、关公、集体主义、牛”等，带有褒扬、喜爱、尊敬、肯定等感情色彩，称为褒义同；“渺小，愚蠢、秦桧、个人主义、狗”等，带有贬斥、憎恶、鄙视、否定等感情色彩，称为贬义词。

2. 词的褒贬色彩在反义词中表现得最明显。例如：勤奋——懒惰，美好——丑恶，勇敢——怯懦，善良——凶恶，谦逊——傲慢，等等。

3. 同义词中有些也带褒义或贬义。例如：“鼓励”和“怂恿”是同义词，但“鼓励”意在勉励人做好事，是个褒义词；“怂恿”意在挑动人做不好的事，是个贬义词。又如：揭发——告密，领袖——头子，赞扬——吹捧，果断——武断，团结——勾结，等等，前一个是褒义词，后一个是贬义词。

4. 有些成语也带有褒贬色彩。例如：“奋不顾身、大公无私、见义勇为”等是褒义词，“贪生怕死、损人利己、见利忘义”等是贬义词。

5. 随着社会生活的变化，有些词语的感情色彩也起了变化。有的词由褒到贬，如“大锅饭开始时是褒义，现在略含贬义；有的词由贬到褒，如“竞争”，从前用的是贬义，现在是褒义；有的词由中性到贬，又由贬回到了中性，如“策划、集团”等。

八、人名、地名

（一）人名

汉族姓名中最引人注目的是它反映出宗法伦理的等级观念。周代首创嫡长子继位的宗法制度，秦汉以后，两千多年皆承其制。与这种血缘关系的礼教规范相对应，人名也有嫡庶等级之分。《白虎通·姓名》：“嫡长称伯，庶长称孟。”就反映了这个现实。汉族人命名时，有时根据族谱，按字排辈分，叔伯兄弟的子女只要同辈分的皆称同一个字，另一个字可以自由选择。今天在同胞兄弟姐妹中，也常用同一个字来表示他们之间的血缘关系。人名用字，大多是有关国家繁荣兴盛、家庭和睦团结、个人修身养性进而治国安邦的美好字眼，表现了一个宗族的连续的尊卑有序性，维系着宗族的团结和演进。

其次，汉族人名还体现出重视伦理道德观念的命名趋向上。儒家倡导礼制，强调道德修养，仁义礼智信成为社会的精神支柱。在人名中，我们可以窥见重伦理精神的取名，它们多用美德的词汇命名，比如“仁、义、扎、智、信、忠、孝、节、温、良、恭、俭、让、德、敬、贤、明、慈、善、谦、勤、勇”等。

再次，中国人名还反映出不同时代的社会特征。例如，从上古人物有巢氏、燧人氏、伏羲氏、神农氏，可知当时有架木为巢、钻燧取火、田渔牧畜、力田事农的史实。在建国以后，很多男孩取名不离“军”，女孩起名不离“红”。在改革开放的形势下，人们思想空前活跃，不满于现状，寻求新鲜，人们起名不再带有很强的政治色彩，命名呈现出百花齐放的局面，这同样与当代的社会特征相吻合。

第四，汉语的名字还表现了男女性别的差异。汉字本身并没有性别之分。名字是一种符号，但它体现出来的是一种社会文化心理问题。名字表现的是一种文化差异。人是唯一会为自己取名字的动物，名字也因此成为一种重要的人类文化行为。从最初始的功能来说，名字的作用就是要区别不同的个体。表面上看起来取名字是许多父母的个人决定，但其背后却有许多存而不显的社会规范。为了维持或再制既有的社会关系，社会文化系统就必须建构出一套符合其利益的名字使用规范。

男子名字中表达品德学养、家国事务、智慧才能、人生志向、胸怀抱负、光宗耀祖、意志品格、阳刚角色等的字及盼望富贵长寿、人丁兴旺的字占优势，而女子名字中则感官饰物、自然景物、传统妇德的字和形容容貌姿态美好和色彩艳丽的字，多用花鸟草卉、柔情女德的字，水字边的字、女子边的字、草字头的字等，通常多用于女性名字中；甚至语音上也总结出男性名字应讲究阳刚，多用响亮的字眼，而女性名应用发音沉郁的细音字眼。

（二）地名

地名也是文化词汇的重要内容，它反映了民族的地理历史、语言文化，也反映出民族的风俗习惯和道德观念等。许多地名与古代的社会经济活动密切相关。从这些地名里，我们可以看到过去的历史社会经济活动的各种情况。以北京为例，北京的许多街名、胡同名就同明清时代北京的社会经济活动有密切联系。例如，花市大街、米市口、珠宝市、缸瓦市、灯市口、菜市口、鲜鱼口、磁器口、棉花胡同、豆腐巷、金鱼胡同、烧酒胡同、绒线胡同等。这些地名反映了老北京城的市场上经营的花、米、珠宝、缸瓦、灯、菜、瓷器、棉花、豆腐、煤、锣鼓等商品，品种繁多，大多是人们日常生活所需要的。

中国的地名还反映出中国社会重礼制宗族、求昌盛太平的社会心态。中国古代社会中，宗法观念根深蒂固，老百姓把家族的居住地当作乐土。往往同族同姓的人聚居在一起，形成一个村落，这些村落就很自然地用姓氏命名。例如，以“王”姓为名的地名有王村、王庄、王家店、王家营、王家屯、王家岗、王家集、王家镇、王家沟等。中国姓氏有几百个之多，几乎每个姓都有很多地名，遍及全国各地。

地名还可以反映民族迁徙和民族交流的历史踪迹。不同民族的交流接触以及一个民族的迁徙，都会在地名上留F痕迹。近代北京，除有满族人外，还有大批蒙古人移居北京。因此北京一些地名也有蒙古语的痕迹。如“西海、北海、中南海、什刹海”等地名中的“海”来自蒙古语，蒙语的“海”包括湖泊、水潭在内。

九、动植物词语

（一）中国文化的主要源泉来自农业

中国很早即进入农耕时代，在漫长的农业社会，由于生产力水平低下，社会人口相对较少，历史上天灾人祸频繁，使老百姓不得不对温饱问题给予更多的关注。人们的衣、食、住、行，大多依赖于植物：五谷为养、瓜果蔬菜为辅、芝草花木为药，是人生之必需。代表国家的“社稷”（“社”为宗庙，属于精神文化；“稷”为粮食，代表物质生活）就非常有意思，古代一直以

“稷”为百谷之王，所以帝王都奉祀“稷”为谷神，进而以此指代国家。所以，《汉书·郦食其传》说：“王者以民为天，而民以食为天。”

如果我们把中国传统文化中有特殊意义的植物列举出来，看看说明了什么问题。桑、麻、棉，为衣裳；“人参”入药是珍宝；“瓜果”是两类植物的分类，桃、梨、李、杏、枣等众多果类中，“桃”的文化意义最为特殊：“投桃报李”“寿桃”“仙桃”“桃李遍天下”……说明了一种特殊的文化偏爱。中国古代花木观赏有“四君子”：梅、兰、菊、竹四类植物，它们特殊的生态习性和生命气息为君子修身养性提供了非常重要的启示。因为它们具有潇洒飘逸、高雅清淡、坚贞等品性，与人们心目中“坚毅、高雅、纯洁、淡泊、有气节”的君子形象相吻合。松、柏、桂、梧桐都是有“仙气”的树木，松、柏象征长寿，桂花荣登月宫，凤凰“非梧桐不落”。至于春、夏、秋、冬四季的象征花卉：“桃”“荷”“菊”“梅”各以其性成为“四时之花”。松、竹、梅被誉为“岁寒三友”，因为它们均具有冬夏常青、不畏严寒、傲然独立等特性。莲，又称荷花，因其有“出污泥而不染”“中通外直，香远益清”等特点，被古人誉为“花之君子”。牡丹因其花色艳丽、雍容华贵而被汉民族奉为国花、花中之王。桑梓——语出《诗经·小雅·小弁》，“维桑与梓，必恭敬出”，“桑树”“梓树”均为父母所种植并留给后代的，见了“桑树”“梓树”之后应当表示敬意，后来就专门用“桑梓”来指自己的家乡。

自古以来，中国人就有种花、赏花的习惯和咏花喻志的传统。在汉语中，梅花象征高洁，牡丹象征华贵，菊花象征高雅，红豆象征爱情，雪莲象征珍贵，松竹象征坚贞，白杨象征倔强等。

（二）中国文化对动物有一种独特选择

十二生肖为：鼠、牛、虎、兔、龙、蛇、马、羊、猴、鸡、狗、猪。其中猪、狗、鸡、牛、羊、马为“六畜”，是六种主要家畜。十二生肖中除“六畜”以外就是野生动物的六个代表：鼠、猴、虎、兔、龙、蛇。十二生肖中唯一的“虚拟”动物是“龙”，是“四灵”之一。“四灵”是“龙”“凤”“龟”“麟”（《礼记·礼运》），象征“四方”和“四时”（四季），东方为“青龙”，南方为“朱雀”（凤），西方为“白虎”（麒麟），北方为“玄龟”。所有这些动物中最尊贵的是“龙”和“凤”，这决定了“龙凤呈祥”的普遍信仰。当然，“龙”是最受崇敬的，中国人自称“龙的传人”，把“龙”演化为变幻莫测、至高无上的神圣象征。“龙”是一切动物生态习性的集中体现，也是自然现象的集中体现，是高度抽象的超自然的“神灵”。其次为“凤有君子之德，是呈现吉祥的神圣之鸟。“鹤”在中国文化中是长寿的象征，因此父母常常给孩子起名为“鹤年”“鹤龄说明他们希望孩子长大成人，长命百岁。“鹤”常与象征坚定长寿的“松”联在一起。绘画和图案常以松鹤为题材，并以“松鹤延年”题词。上年岁的人在过生日的时候，喜欢人们赠送画有松鹤图案的礼物。“龟”有两种象征意义：一方面“龟”象征长寿；另一方面，“龟”也用来比作有外遇的丈夫。中国人怕看到猫头鹰或听到它的叫声，认为碰上它要倒霉。汉语中的“夜猫子进宅”意味着这家厄运将至。夜猫子就是猫头鹰。对中国人来说，蝙蝠是吉祥、健康、幸福的象征。这些联想很可能来自蝙蝠的名称——“蝠”与“福”同音。有些图画或图案把蝙蝠和鹿画在一起，颇受欢迎，因为“福鹿”读起来同“福禄”一样，象征吉祥、幸福、有钱、有势。对“虎”的联想有好坏两个方面。从好的方面说，虎英勇大胆，健壮有力，如：“虎将”“虎虎有生气”等；从坏的方面说，虎凶猛残忍，冷酷无情，如：“拦路虎”“狐假虎威”“苛政猛于虎”等。汉语自古以来就常用“鸟”和“鱼”来比喻恩爱的夫妻或夫妻的情感，如：鸳鸯（象征忠贞的爱情和恩爱的夫妻）、比翼鸟（象征形影不离、相亲相爱的夫妻）。

汉语常借用动物名称来指称某种类型的人，如：驸马、真龙天子等，这表示固定身份。不过大部分词语并不固定，我们可以根据褒贬义来加以区分：

褒义的：虎将、龙头、将门出虎子、虎父无犬子、藏龙卧虎、望子成龙、千里马、白马王子、鹤立鸡群、老黄牛、乘龙快婿、鲤鱼跳龙门、孺子牛、鸡窝里飞出金凤凰、如虎添翼、虎背熊腰、龙腾虎跃等。

贬义的：牛鬼蛇神、牛脾气、美女蛇、蛇蝎心肠、漏网之鱼、母老虎、猴儿精、狗腿子、狗头军师、哈巴狗、丧家狗（犬）、癞皮狗、癞蛤蟆、狐假虎威、狗急跳墙、看门狗、虾兵蟹将、天下乌鸦一般黑、地头蛇、铁公鸡等。

中性的：夜猫子、热锅上的蚂蚁、落汤鸡、没头的苍蝇等。

在现代汉语的词汇中，借用动物来形容人的行为一般含有贬义，如：鹦鹉学舌、拍马屁、露马脚、狗嘴吐不出象牙、狗改不了吃屎、招猫逗狗、偷鸡摸狗、狗拿耗子、狗咬狗、狼狈为奸、树倒猢狲散等。

借用动物类词语表示品质的词语也多含有贬义，如：蛇蝎心肠、老鼠过街人人喊打、狼心狗肺、虎狼之性、狼子野心等。

如果将动物名称加上表示辈分的词语，一般含有强烈的贬低色彩，如：鼠辈、兔崽子、狗崽子、龟儿子、龟孙子等。

汉语中与动物相关的骂人的词语很普遍。除狗、狼、鼠之外，人们常用来形容人呆或愚蠢，如：蠢猪、笨猪、蠢驴。“熊”也用来比喻“无能或怯懦”的意思，如：熊包等。此外还有：乌龟（同“王八”）、狗眼看人低、狼外婆、马屁精、牛鼻子老道、鸡鸣狗盗、狐狸精等。

十、熟语

熟语是语言中词的固定组合，它是在人们长期使用语言的过程中形成、固定下来的，包括有成语、惯用语、格言、谚语、歇后语等。在对外汉语的词语教学中，成语和惯用语是熟语中最重要的部分。

在数《中华成语大辞典》收入成语约12000条，《汉语成语大词典》收入成语17000多条，《汉语惯用语词典》收入惯用语2000余条，《歇后语大全》收入歇后语6万余条，宁夏教育出版社出版的《谚语》收入谚语15万余条，各类合计起来，已达20万余条。与汉语熟语比较，其他民族的熟语数量要少得多，根据现有材料看，逖克逊编的《美国成语手册》收入成语4500多条；张同盟、陈雪春编译，香港新联书社出版的《常用英语谚语手册》收入谚语370多条；周纪生主编，湖北人民出版社出版的《俄汉成语词典》收入约8400条，另有参见词目约1400条。当然，这些材料并不是英语熟语和俄语熟语的全部，但数量确实远远不及汉语熟语。

汉语熟语有部分来源于汉民族的古代文化典籍，其中有的是典籍中原有的现成的语句，如杜牧《阿房宫赋》："各抱地势，勾心斗角"。有的是把典籍中的语句进行增减改动之后继承下来的。比如《庄子•秋水》："井蛙不可以语于海者，拘于虚也。"增删为"井底之蛙"。汉语熟语很大一部分是民间创作，找不到作者和出处，比如《新五代史•郭崇韬传》："谓其左右为俚语云，骑虎者势不得下，相与泣下沾襟"（现在说，"骑虎难下"）。我们现在使用的熟语，大都是随着社会的不断向前发展和新事物的不断产生而从民间酝酿、创造出来的。

汉语熟语在形式上力求整齐匀称，这非常明显地体现在成语和谚语之中。成语基本上是四字格。许多成语可以分成前后两截，两两对称整齐，比如"千变万化""百依百顺""并驾齐驱""杯水车薪"等。谚语中有"不到黄河不死心，不撞南墙不回头""平生不做亏心事，半夜不怕鬼叫门"等。汉语熟语形式上匀称和谐的特色是汉文化模式的审美心理的重要体现。另外，熟语在形式上整齐对称、韵律和谐，便于记忆，易于流传，有着很大的实用价值，这对于过去大部分是文盲，只能靠口耳相传保留经验知识的老百姓来讲尤为重要。这种形式对于留学生学习词语，也有很大的帮助。

熟语所反映出来的事物、现象、观念等为某一民族所特有或在该民族表现最为突出，不同的民族在生活环境、风俗习惯、特定行业、意识观念等方面都存在着极大差异，反映到熟语中则使熟语的语义内容具有鲜明的民族色彩。这些特点都表现在汉语熟语中。比如"早穿皮袄午穿纱，围着火炉吃西瓜”，反映了某些地区气温日差较大的气候特点。中国山河壮丽，历史悠久，名胜古迹很多，这在熟语中也有“桂林山水甲天下，阳朔山水甲桂林”，“上有天堂，下有苏杭”，“五岳归来不看山，黄山归来不看岳”等等。关于民风民俗，熟语中有“三里不同乡，五里不同俗”的说法，正月十五是灯节，又是元宵节，就说“正月十五闹花灯”，“正月十五吃元宵”。五月初五是端午节，就有“五月端午吃粽子”的熟语。八月十五是中秋节，有熟语“八月十五月儿圆”。“民以食为天”，熟语也反映出中国人的饮食习惯，比如广州一带的人喜欢吃甜食，北方人喜欢吃咸食，山东人喜欢吃大葱等辣食，山西人则喜欢吃加米醋的酸食，所以有熟语“南甜北咸，东辣西酸”。

中国文化是求善的伦理文化，中国的文化模式造就了汉民族一些具有民族色彩的观念。这都在熟语中有充分反映。比如讲仁爱的有“爱人者人恒爱之，敬人者人恒敬之”“得放手时须放手，得饶人处且饶人”等等，讲礼义的有“让礼一寸，得礼一尺”等等，讲孝顺的有“千里烧香，不如在家敬爹娘”等等。讲乡情的有“树高千丈，叶落归根”“美不美，家乡水，亲不亲，故乡人”等等。反映亲族、邻里关系的熟语如“远亲不如近邻，近邻不如对门”等等。在婚姻问题上，妇女要听从父母之命，媒妁之言，“嫁鸡随鸡，嫁狗随狗”，依靠丈夫过生活，“夫唱妇随”“夫贵妻荣”“男尊女卑”。现代社会提倡男女平等，妇女地位有了明显提高，又有了“妇女能顶半边天”“气管炎”（妻管严）的新熟语。

（一）成语

汉语成语作为汉文化模式的一种载体，准确而生动地表现了其民族文化的基本内容、心理结构、思维方式、审美情趣和价值体系。如“敬而远之”“未雨绸缪”“穷则思变”“能屈能伸”“过犹不及”等成语凸显了实用理性的精神，一种脚踏实地不作盲目幻想的文化心理。而“国而忘家，公而忘私”“己所不欲，勿施于人”“富贵不能淫，贫贱不能移，威武不能屈”等成语又表现出人的品德修养和处世原则方面的见解。像“当仁不让”“自强不息”“见义勇为”“先天下之忧而忧，后天下之乐而乐”“得道多助、失道寡助”“工欲善其事，必先利其器”等成语则闪耀着哲学的智慧。“无为而治”“清净无为”“塞翁失马”等成语，都是道家的出世思想和哲学思辨能力的反映。“回头是岸”“一尘不染”“抛砖引玉”“水涨船高”“叶落归根”等则是源自佛教思想。中国人历来对鬼神深加敬畏，就有“奉若神明”“神通广大”“大显神通”“神乎其神”“鬼使神差”“鬼迷心窍”“鬼哭狼嚎”等成语。有意思的是，汉族人对待“鬼”“神”的感情却常常是爱憎分明的，凡带“鬼”

字的都不是好话，如："鬼头鬼脑""心怀鬼胎""鬼鬼祟祟"等；相反，"神"因其正大光明，赢得人们的普遍欢迎和爱戴，有关"神"的成语自然是褒义的多。

成语全面反映汉民族的艺术形式：文学、绘_、音乐、舞蹈、戏曲、书法等组成了汉民族的艺术生活，艺术实践义加深了汉民族对现实生活的独特感受和认识，这在成语中也有明显的反映。"琴、棋、书、画"并称"四艺"，与"琴"相关的成语有"弦外之音""琴瑟和谐"等，与"棋"相关的成语有"棋逢对手""举棋不定"等，与"书"相关的成语有"入木三分""铁画银钩"等，与"画"有关的成语有"烘云托月""画龙点睛"等。

成语反映了汉文化模式的规约制度。比如汉民族十分重视两性婚姻的社会性、稳定性和持久性问题，所以也产生了不少像"门当户对""举案齐眉""相敬如宾""白头偕老"这样的成语。"尊卑有序""夫贵妻荣""夫唱妇随""光宗耀祖"是宗法制度的直接表现。"父慈子孝""承欢膝下"等成语是对家庭成员之间亲密关系的描绘。而"十恶不赦""五马分尸""法外施仁"等则是古代法律制度的记录。

汉文化十分重视教育，所谓"玉不琢，不成器"，人才只有经过教育和刻苦的磨砺才能"出类拔萃"。为了能"金榜题名""学而优则仕"，往往刻苦学习，不惜"程门立雪""凿壁偷光""铁杵成针""悬梁刺股"等。而做教师的应该是"为人师表""德才兼备""循循善诱""诲人不倦""因材施教""有教无类"，学生则应该"知之为知之，不知为不知"，并且要"青出于蓝而胜于蓝"。

不少成语折射着汉族人的生活方式与生活内容。在以"民以食为天"的饮食文化中，有"食不厌精""添油加醋""众口难调""无米之炊""狼吞虎咽""酩酊大醉""烂醉如泥""粗茶淡饭""山珍海味""嗟来之食"等。反映汉民族建筑文化特点和内容的如"秦砖汉瓦""深宅大院""雕梁画栋""钩心斗角""美轮美奂""富丽堂皇""金碧辉煌""曲径通幽"。在服饰文化中，有"冠冕堂皇""凤冠霞帔""布衣黔首""衣不蔽体"等等。

成语还描述了自然环境所独有的山川、园林、交通、气候等方面的特色。如"泾渭分明""楚河汉界""安如泰山""得陇望蜀""泾渭分明""中流砥柱""逼上梁山""庐山真面目"等等。

中医是我国传统的医药学，成语有"灵丹妙药""良药苦口""针砭时弊""对症下药""如法炮制""以毒攻毒""换汤不换药"等等。

汉语成语中出现了大量的植物：如"花红柳绿""立竿见影""昙花一现""青梅竹马""势如破竹""胸有成竹""豆蔻年华""雨后春笋""叶落归

根”“望梅止渴”“草木皆兵”等。

取材于动物的成语数目更是庞大。有些动物形象及其象征性内涵，是汉民族文化所特有的。“龙、凤、龟、麒麟”是古代传说中神异的动物形象，先人称之为“四灵”，它们或高贵，或祥瑞，或长寿，为汉族人所崇拜和喜爱，与此相关的成语有“望子成龙”“龙腾虎跃”“龙凤呈祥”“龙飞凤舞”“凤毛麟角”等。而汉语成语中有关狐、兔、犬、马等动物的成语，也往往不只有一种含义，而且褒贬抑扬各有不同，这反映出中国人对某种动物所具有的多重属性的不同取舍态度。

（二）惯用语

惯用语大致可以分为以下几类：

（1）典故传说类：搭鹊桥、倒插门、破天荒、借东风。

（2）戏曲类：唱对台戏、跑龙套、拿手戏、耍鬼把戏、演双簧、唱高调、唱反调、唱白脸、苦肉计。

（3）宗教用语类：口头禅、上西天、烧高香、抱佛脚、见上帝、半路出家。

（4）动物名称类：夜猫子、下马威、替罪羊、水蛇腰、落汤鸡、赶鸭子上架、使牛劲、狮子大开口、老虎屁股、坐山观虎斗、挂羊头卖狗肉、不见兔子不撒鹰、变色龙、拍马屁。

（5）商业类：开空头支票、翻老账、讲价钱、打算盘、捞外快、打折扣。

（6）医药类：打预防针、红眼病、吃后悔药、吃错药、气管炎、定心丸。

（7）交通类：开夜车、开绿灯、闯红灯、独木桥。

（8）身体类：笑掉牙、磨破嘴皮子、伤脑筋、碰一鼻子灰、耍嘴皮子、倒胃口、出洋相、当耳旁风、露一手、抓辫子。

（9）服饰类：穿小鞋、戴高帽、扣帽子、乌纱帽、穿新鞋走老路。

（10）军事武术类：搬救兵、当参谋、一刀切、打游击、打掩护、掌门人、回马枪、金盆洗手。

（11）饮食类：半瓶醋、大锅饭、喝西北风、喝墨水、吃老本、炒鱿鱼、吃闭门羹、一锅粥、炒冷饭、吃皇粮、吃香的喝辣的、吃小灶。

（12）游戏竞赛类：捉迷藏、踢皮球、擦边球、短平快、二传。

惯用语的意义大多是由修辞而来的，尤其是比喻修辞，惯用语多用暗喻的方式，抽象的东西通过贴切的比喻变得形象，易于理解。但是，如果比喻中渗透了传统文化和思维方式，留学生理解起来就会比较困难。比如：“打退堂鼓”本表示旧时官员退堂时击鼓为号，现比喻做事中途退缩，现在本义不存在了，理解其比喻义就有一定难度。

十一、谐音词语

谐音是指在语言运用过程中借助于音同或音近的语音特点来表情达意，从而造成一种特殊效果的修辞方式。汉语的音节有限，汉字是形、音、义的结合体，故而汉语中同音多义、近音同义的字也比较丰富，并能构成无限的词语，能产生大的同义词、同音词和近音词，这就为谐音现象的产生奠定了基础。

谐音词语体现了汉民族善联想重具象的思维特点。“联想”是现实事物之间的某种联系在人脑中的反映，指的是由一事物想起另一种事物的心理过程。汉文化模式具有整体观察世界的方式，习惯以感性直观的方式体悟人与世界的动态的有机的联系，对世界的认知和把握有综合性特点。汉文化是一种内倾文化，内倾意味着含蓄不立露。汉民族传统文化讲究求吉避凶、求久惧变、求雅避俗的文化心理，加上汉民族在征服然的过程中，不断遇到洪水、猛兽、战争等天灾人祸，因此，他们自古以来就具有祈求福禄祯祥的生活理想。谐音的恰当使用，正好能满足汉民族的这种歌和谐、爱吉祥、避丑恶的民族文化心理以及价值观念。

在中国民间婚嫁中，与植物行关的谐音就不胜枚举。传统婚礼，新娘

入门后，要在新娘的被子里放上桂圆、核桃、枣、栗子、花生。桂圆，谐“圆”的音，象征夫妻圆圆满满；核桃，谐“和”的音，意味夫妇和美；枣谐“早”的音；栗子谐“立子”的音，图的是“早立子”，早生儿子：花生，谐的是“花着生”的音，是既生儿子，乂生女儿。枣、花生、桂圆、莲子或栗子是取“早生贵子”的意思。

“鱼”——“余”。在民间风俗画或年画中，“龟”是绘画的热门题材，如画“鲶龟戏水”，因“鲶”与“年”同音，“鱼”和“余”同音，取“年年有余”的含义；如画“鱼”和“莲花”，因“莲”与“连”同音，取“连年有余”的含义；有的画“鲫鱼戏水”，因“鲫”与“吉”同音，取“吉庆有余”的意思等等。

参考文献

[1] 秦海燕 . 优秀传统文化的传承与创新 [M]. 吉林 : 吉林出版集团股份有限公司，2018.

[2] 白玉寒 . 跨文化视角下的对外汉语教学研究 [M]. 北京 : 中国水利水电出版社，2017.

[3] 李泉 . 对外汉语教学思考集 [M]. 北京 : 北京语言大学出版社，2017.

[4] 刘巍，张冬秀，孙熙春 . 高校转型发展系列教材对外汉语教学理论与实务 [M]. 北京 : 清华大学出版社，2017.

[5] 孙德金 . 对外汉语语音及语音教学研究 [M]. 北京 : 商务印书馆，2006.

[6] 程棠 . 对外汉语教学目的、原则、方法第 2 版 [M]. 北京 : 北京语言学院出版社，2008.

[7] 李钧，王曰美 . 汉语国际教育中华文化精神的源流、继承与传播 [M]. 北京 : 北京语言大学出版社，2015.

[8] 吴平 . 对外汉语教学中的文化词语 [M]. 北京 : 世界图书北京出版公司，2012.

[9] 赵金铭 . 汉语国际传播研究述略 [J]. 浙江师范大学学报 (社会科学版)，2008(5):22-23.

[10] 彭建玲 . 汉语国际教育人才培养模式研究综述 [J]. 昆明理工大学学报 (社会科学版)，2014(3):86-92.

[11] 通化师范学院文学院 . 汉语国际教育人才分流培养方案 [M]，2013.

[12] 杨晓黎 . 传承语素在现代汉语词语构成中使用情况的考察——以一组与人体相关的传承语素为例 [J]. 语言文字应用，2006(3):69-75.

[13] 芦洁媛 . 饮食相关的传承语素构词及其在汉语二语词汇教学中的应用 [D]. 合肥 : 安徽大学，2013.

[14] 许同芹 . 汉英礼貌表达法之比较 [J]. 科技信息，2009(24):472.

[15] 胡晓宇 . 告别语的英汉比较分析 [J]. 语文学刊 (外语教育与教学)，2011(5):44.

[16] 吕必松 . 对外汉语教学概论 [M]. 北京 : 北京大学出版社，2005.
[17] 李畅 . 初级对外汉语口语教学研究 [D]. 陕西 : 西安外国语大学，2015.
[18] 盛炎 . 语言教学原理 [M]. 重庆 : 重庆出版社，2006.
[19] 李伟大 . 浅析对外汉语初级口语课堂教学的原则和方法 [J]. 湖北函授大学学报，2010(4):2.
[20] 段李莎 . 对外汉语初级口语课堂教学技巧分析 [D]. 甘肃 : 兰州大学，2016.
[21] 崔凤玲 . 对外汉语初级阶段口语教学法研究 [J]. 东北财经大学，1999(25):3-4.
[22] 张杨 . 略谈对外汉语教学中的文化教学 [J]. 北方文学，2012(4):211-212.
[23] 寇昱鹏 . 关于对外汉语教学中文化教学的思考 [J]. 天津市教科院学报，2009(4):34-35.
[24] 崔淑慧 . 对外汉语教学中的文化渗透 [J]. 黑龙江高教研究，2004(3):108-109.
[25] 刘珣 . 对外汉语教育学引论 [M]. 北京 : 北京语言文化大学出版社，2000.
[26] 杨仲义，梁葆莉 . 汉语诗体学 [M]. 北京 : 学苑出版社，2000.
[27] 束定芳，庄志象 . 现代外语教学 [M]. 上海 : 上海外语教育出版社，2010.
[28] 何克抗，林君芬，张文兰 . 教学系统设计 [M]. 北京 : 高等教育出版社，2006.
[29] 杨惠元 . 课堂教学理论与实践 [M]. 北京 : 北京语言大学出版社，2007.
[30] 徐子亮，吴仁甫 . 实用对外汉语教学语法 [M]. 北京 : 北京大学出版社，2006.
[31] 宋柔 . 现代汉语跨标点句句法关系的性质研究 [J]. 世界汉语教学，2008(2):3.
[32] 赵金铭 . 对外汉语教学概论 [M]. 北京 : 商务印书馆，2004.
[33] 徐子亮，吴仁甫 . 使用对外汉语教学法 [M]. 北京 : 北京大学出版社，2005.
[34] 刘颖 . 对外汉语听力教学探 [J]. 和田师范专科学校学报 (汉文综合版)，2006.
[35] 王秀云 . 初级汉语阅读课的教学方法 [J]. 语言教学与研究，1990(2):81-84.
[36] 郝云龙 . 对外汉语阅读教学的现状及其对策 [J]. 首都师范大学学报 (社会科学版增刊)，2013(1):56-59.